Technologie d'écrasement

Enseigner le travail

BY H.A DAWOOD

Contenu

2

3

n technologies de l'information et de la communication (TIC) stimulent des changements qui elles impliquent l'ensemble de la vie sociale à l'échelle planétaire. Cependant, au-delà les discours prometteurs qui interrogent les jehommes et les femmes du globe comme « consommateurs et utilisateurs d'un monde technologique », l'intégration des TIC dans différents pays, régions géographiques et groupes sociaux ne se produit pas de manière uniforme. Les processus d'insertion sont complexes, souvent duels et n'atteignent pas tous la population par même. Est nécessaire reconnaître, par une côté, Quel la expansion à partir de lales médias de masse et les technologies numériques améliorent la production, la circulation, le stockage repas et réception de divers messages à grande distance et à grande échelle. Mais, d'autre part, à la motoriser inégalités au la accéder pour la information et aux connaissances, augmenterdifférences économiques, sociales et culturelles existantes. La soi-disant « fracture numérique » estdynamique et implique des aspects liés à l'inégalité d'accès aux infrastructures, supports ou connectivité, dans les possibilités d'interaction et dans les potentialités d'appropriation significatif de la part d'utilisateurs.

Par la moment, ensuite, la dissémination à partir de la TIC je sais donne au la Cadre à partir de une « globe-asymétrie » [1] promoteur de déséquilibres dépassant simplement les variablestechnologique. POUR peser à partir de ce, la médias à partir de la communication et la les technologies numérique à partir de la information avoir une impacter au la configuration la environ Matériel et symbolique

À partir d'OMS transit la Nouveau siècle? le TIC intervenir tellement au la production à partir de des bienset prestations de service Quel au la processus à partir de socialisation. La il importance mensonges au la pouvez pourmédiatiser la formation des opinions, des valeurs, des attentes sociales et des façons de ressentir, de penseret Acte au la monde. R) Oui, au une société où la groupes social je sais trouver tous temps plus fragmenté, la les technologies à partir de la information et la communication Elles sont canaux à partir decirculation à partir de représentations et

4

des idées au tourniquet pour la lequel la population segmenté pouvez trouver points à partir de Contact et Connexion. À partir de est la perspective, la TIC avoir une fonction culturel central: accumuler les connaissances Quel la sujets avoir au la société Quel moyeu- alors. Mais je sais traite à partir de une bâtiment sélectif traversé par la saturation à partir de information, par une côté, et par autre, par la présence à partir de la médias massif à partir de la communication avec concentrerétain au la production à partir de Contenu et une fort imprimer à partir de la logique la marché.

Dans ce contexte socioculturel, l'éducation tend à se comporter comme une variable Quel définir la entrée ou la exclusion à partir de la sujets pour les différentes communautés. Est Quel la portée l'école suivre être une espacer privilégié pour les connaissances et interventionsur les phénomènes complexes nécessaires à la coexistence et au changement social. Est pour cette raison, l'entrée des TIC à l'école est liée à l'alphabétisation dans les nouvelles langues; contact avec de nouvelles connaissances et la réponse à certaines exigences de la monde de travail. Mais l'intégration pédagogique des TIC passe aussi par la formation capacités de comprendre et de participer à cette réalité médiatisée. Dans ce sens, la formation systématique est une opportunité pour les jeunes et les adultes de devenir à la fois des consommateurs avisés et des producteurs culturels créatifs. Estune opportunité de développer des connaissances et des compétences que le simple contact avec technologies et leurs produits ne génèrent pas nécessairement.

La pertinence politique du rôle inclusif de l'école autour de la problématique de TIC a été rendu explicite récemment au la Cadre la débat à partir de la Nouvelle Droit à partir de ÉducationNationale. le document soumis pour la discussion Publique posé la responsabilitéde l'État national argentin pour "garantir l'équité d'accès, puisque dépendra des capacités futures des élèves, afin de tirer le meilleur parti de l'utilisation intelligente des TIC, que ce soit pour l'accès aux biens culturels ou pour l'acquisitionformation qualifiante pour le monde du travail. L'école – affirme le texte – « doit assumer un rôle fondamental car c'est l'espace où tous les garçons et les filles, les jeunes et les adultes peuvent accéder efficacement à la littératie numérique. C'est comme ça que ça s'est passé et La mission de l'école continue d'être l'entrée des enfants dans la culture alphabétisée, aujourd'hui elle doit intégrer l'apprentissage et l'utilisation de nouveaux langages numériques ». Dans le actuellement, à travers les articles 7 et 8, la loi sur l'éducation nationale (n° 26 206) légifère au est réalité. le État "garanties la accéder à partir de tous leur citoyens/quant à l'information et à la connaissance en tant qu'instruments centraux de la participation dans un processus de développement avec croissance économique et justice sociale », et maintient que « l'éducation doit offrir les possibilités nécessaires pour développer et renforcer formation intégral à partir de la gens pour ce longueur à partir de tous la durée de vie et promouvoir au tous éduquer-avoir la capacité de définir son projet de vie, fondé sur les valeurs de liberté, de paix,solidarité, égalité, je respecte pour la diversité, Justice, responsabilité et bien commun".

Ce scénario invite l'école à réécrire sur les propositions d'insertion stratégies articulaires, didactiques et modèles institutionnels de gestion des TIC. Mais, fondamentalement, il l'interpelle à repenser les formes de transmission des savoirs quisont mis en jeu dans leurs classes. Pour que l'intégration pédagogique des TIC soit con- verser dans une opportunité d'inclusion doit être significatif pour ceux qui participent àson. UNE insertion efficace non je sais pouvez donner à la marge à partir de la processus historique, culture-rails, Les politiciens et pas cher par la lequel la sujets transit. A besoin de réponse pour

Leur réalités, des soucis, intérêts, connaissances et attentes. Demandes donner la mot pourla étudiants, les rendre visible et les reconnaître Quel sujets culturel au une ici et à présent.

À partir de là le début la l'école Argentine je sais inquiet par "accumuler égalité", par rejoindrepour la différent au tourniquet pour une Brouillon commun. Mais la système éducatif traditionnel a été conçu selon un principe d'approvisionnement homogène. Aujourd'hui, bien qu'ils s'inquiètent toons restent les mêmes, les nouveaux mécanismes culturels de la société et les l'économie de la connaissance ont tendance à respecter les particularités. Les écoles vontaborder les technologies de l'information et de la communication de manière très diverse, négocier Entrez la le progrès tic médiatique et technologique, la des cultures organiser-nationalités, les besoins des enseignants, les écarts générationnels et les appropriations l'autonomie des jeunes et les attentes de la communauté. Ainsi, les politiques publiques Les lois publiques imposent de prendre en compte les institutions et les sujets en situation. Lorsque au la cadeau je sais pourparlers à partir de égalité au la l'école, je sais pense au une égalité complexe.Une égalité qui permet et valorise les différences que chacun apporte en tant qu'être humain.Non. À partir de est mode, la l'école au

6

tellement agence Social je sais réinsérer au la dynamique culturel.Il est revitalisé comme un espace public fertile pour la "citoyenneté des problèmes de la communication » [2]. Est-ce Quel avec la l'intégration à partir de la TIC pour Projets transversal et SIG-indicative, l'école est couplée à différents mouvements de la société civile qui jouentune rôle vital au la protection et promotion à partir de la la diversité à partir de la expressions à partir de la cultureet l'accès au savoir.

Formation au TIC

L'incorporation des TIC dans le travail pédagogique des institutions scolaires est en fin de étiré par la Ministère à partir de Éducation, La science et La technologie (Animateur) Quel partiede politiques inclusives visant à réduire les écarts éducatifs qui exister au Argentine. le inégalité à partir de Opportunités Quel souffrir les jeunes scolariséqui appartiennent pour secteurs défavorisé à partir de la société est imaginé Quel une inquiéter non seulement économique mais politique, pédagogique et culturel. Les différences dans les possibilitésles nuits d'accès à la technologie impliquent actuellement également de grandes distances dans les possibilités d'accès aux produits culturels, à l'information et au savoir, qui impactent la construction de la subjectivité, les projets de vie futurs et la participation citoyenne des nouvelles générations. C'est pourquoi l'intégration de Les TIC à l'école ne sont pas comprises dans la présente proposition comme un problème seulement technique et instrumental. embarqué à partir de une la perspective éducatif et culturel,l'intégration des technologies de l'information et de la communication dans l'enseignement nécessite le développement de compétences analytiques, cognitives, créatives et communicatives élèves, enseignants et directeurs, qui permettent à la fois une appropriation significative du faire circuler une offre culturelle, technologique et informationnelle telle que la production de messages nécessaires à la performance personnelle, professionnelle et citoyenne dans une société pluraliste. Astucieux et démocratique.

Au ligne avec une la perspective éducatif et culturel, ensuite, la l'intégration à partir de TIC pour la pro-mettre pédagogique pouvez être considéré Quel partie à partir de une politique compris lorsque: considère

pour tous l'école Quoi centre à partir de extension à partir de la offrir technologique et

7

culturel; je sais des soucis par la croissance à partir de compétences non seulement techniques Par ailleurs ainsi que cognitif, Créatif et communiquer- cravates nécessaire pour la performance Cadeau et avenir à partir de la jeunes; conçoit pour la technologie et les processus de circulation et de consommation d'informations ou de produits culturels tels que un objet de problématisation constante ; intégrer la technologie et l'information dans enseignement au différent des champs disciplinaire; faveurs la bâtiment à partir de subjectivitésintégrer l'offre technologique et culturelle globale aux contextes de vie ; facilite l'ex Pression et visibilité à partir de les jeunes à partir de secteurs défavorisé pour par à partir de la productionet mettre au circulation à partir de des postes posséder Quel renforcer la identité local; articule la travail scolaire d'intégration des TIC et des disciplines avec des pratiques qui impliquent à la communauté; et, enfin, lorsqu'il propose un travail institutionnel continu qui favorise l'appropriation des TIC dans le cadre de la vie quotidienne présente et future (divertissement, éducation, communication, travail, participation).

Au est sens, la proposition Quel je sais présente au est Matériel comprend Quel la formation des étudiants en TIC nécessite le renforcement des équipes pédagogiques, des directeurs, marées, superviseurs et techniciens. Un renforcement qui permet une approche de la nouvelles langues et « nouvelles cultures », repenser les stratégies et la conception pédagogiques nouvelles propositions didactiques. Il faut repositionner l'enseignant comme médiateur de processus éducatifs. Les jeunes ont besoin d'être guidés pour réaliser des productions critique et créatif. Mais dans cette tâche, l'enseignant ne peut pas travailler dans un isolé Par ailleurs conforme équipement en dessous de une encadrement institutionnel. Sans embargo, de nombreuxparfois c'est l'institution elle-même qui a besoin de soutien, tant en formation qu'en mise à jour étain de ses professionnels comme en gestion.

Nous savons que les écoles de notre pays sont différentes. Leurs histoires institutionnelles, des cultures organisationnel, expériences à partir de travail, modes à partir de le management, et contextes à partir de centimes- personne, les trajectoires professionnelles d'enseignement ou les intérêts des étudiants qu'ils accueillent sont diverse. Une proposition d'intégration pédagogique des TIC ne peut ignorer ce la diversité Oui vise à être important et satisfaisant. À partir de est la perspective, ensuite,intégrer pédagogiquement les TIC à l'école n'implique pas de se focaliser exclusivement surl'utilisation d'équipements et d'outils, mais dans les processus d'apprentissage, la planification et changement au la les pratiques et les établissements. le TIC non avoir potentiel transformateurau Oui eux-mêmes. le adéquation pour la contextes, la possibilité à partir de répondre pour Besoins et la sens Quel atteindre acquérir au tourniquet pour Projets individuel et collectif elles sont quelqueà partir de les clés de intégration efficace.

est Matériel a été développé au la Cadre la *Composant ROM formation et le managementde projets d'utilisation critique des TIC dans les écoles PROMSE,* à travers lesquels il est proposé de constituer, former et coordonner des équipes techniques provinciales, des référentsinstitutionnel, superviseurs, gestionnaires enseignants et auxiliaires Quel favoriser la intégrer-tigre pédagogique à partir de la Ressources audio-visuel et informaticiens pour étaler au la écoles collants qui appartiennent pour est ligne à partir de financement. À l'intérieur à partir de leur objectifs pédagogiqueparce que principale je sais trouver: griller une encadrement conceptuel pour la entente à partir de lacomplexité et caractéristiques à partir de la culture médias et le sien relation amoureuse avec la sujets; pose stratégies à partir de personnage innovant pour partir à partir de la incorporation à partir de la les technologies à partir de la dans-formation et communication dans les pratiques quotidiennes ; définir et avoir un cadreconceptuel Quel est la voir et la sélection la utiliser et la intervention pédagogique à partir de la TIC au la Salle de classe et au la institution, Quoi Contenu la discipline et Quoi outil à partir de avec- Teint traverser, acceptant ainsi que la diversité à partir de production et crédits à partir de celles-ci Ressources; favoriser instances à partir de élaboration à partir de les propositions Quel tendre pour la promotion d' un culture collaboratif, avec incorporation à partir de la TIC; utiliser et promouvoir la travail à partir de

différent Ressources multimédia pour accompagner et d'installation Nouveau canaux à partir de communauté cation et production dans l'élaboration de propositions qui tiennent compte de la construction à partir de connaissances lié pour la les pratiques écoliers; incorporer la La technologie pour la salles de classe Quoiressource didactique, accompagnée de processus d'appropriation réflexive qui permettent de RES- réfléchir aux nouvelles demandes.

Dans cette proposition de travail, la constitution d'équipes de référents TIC dans

9

le écoles jouer une rôle central. Celles-ci équipement ils seront intégré par des couples technicien-pédale-gis qui agiront comme facilitateurs du travail en classe avec les technologies de l'information et la communication, et qui passera par chaque institution. Leurs rôles seront lié pour la formation à partir de la enseignants, la conseils et assistance au conception, la la mise en œuvre et l'évaluation des projets TIC dans les institutions et la coordination nation de gestion entre les écoles et les autres institutions. C'est à ces équipes référentes des TIC à qui ce matériel est adressé. L'objectif est de fournir un cadre commun conceptuel et la réerions pour le travail avec les enseignants.

En ce sens, nous savons que les défis de chaque groupe de travail sont différents parce que vos points de départ, vos possibilités et vos attentes le sont. Une proposition de salle de classe existante qui a l'intention de s'agrandir, un objectif institutionnel qui souhaite reformuler Un démarrage ou un nouveau projet que vous cherchez à démarrer sont des espaces fertiles de développement des propositions présentées dans ce document. L'intégration pédagogique des technologies de l'information et de la communication est, comme on l'a dit, une opportunité d'accéder à connaissances, formation citoyenne et expression culturelle. Mais c'est aussi une l'occasion de réécrire sur la vie quotidienne, les désirs et les sentiments monde qui sont construits à partir de l'école publique dans notre pays.

Au la route à partir de sont pages je sais pose Quelque coups pour penser les changements et la lu- gare à partir de la La technologie, clés pour intégrer la TIC au la l'école et Opportunités Quel apporter quelque outils numérique pour accumuler et se concilier environnements à partir de apprentissage signifier- nouer. Visuellement, présente une structure tubulaire ou par blocs. À la côté la corps central la texte apparaître une colonne avec commentaires (c), bibliographie extension conseillé (b), liens pour pages la toile (w) et des questions pour guider la réerions (r).

Ce matériau n'est que le point de départ d'un travail riche et dynamique, qui avec la participation des enseignants et des élèves, prendra vie de manière autonome dans les salles de classe.

Introduction

« Une nouvelle forme de société se dessine sous nos yeux. Et ce si- société non est quelque chose extraterrestre à nous. Est ici, au notre des vies personnel, au notre émotions, au la angoisses Quel on fait face toutes les personnes les journées".
Antoine Gidiens

Il y a quelque truc au la pouvez assurer Quel existe une accord très répandu. le transformation la monde courant, la certitude la changement et la sensation à partir de incertitude avecle respect à la avenir elles sont quelque à partir de elles ou ils. le sociologue Sigmund Baumann fait remarquer Quel la vitesse-père à partir de la métamorphoses, la des questions pour la vérités structurant au la Quel nous ansoutenu, les processus de dé-traditionalisation et d'innovation constante, les grandes modifications légendes au la établissements moderne traditionnel (travail, famille, coupler, le sexe, Église,démocratie, État, société civile, partis politiques, etc.) et le culte de l'individualité sontfabrication échelonner la certitudes Quel tenu la les raisons à partir de notre *durée de vie tous les jours* [3], saper-fais le sien la stabilité et impactant au la façon à partir de vivre et à partir de penser la avenir.

[3] Ce concept a été largement traité dans la sociologie contemporaine : "Quand on parle à partir de la vie quotidienne nous arbitre-
Nous arrivons à cette *réalité suprême,* à la vie de l'homme tout entier, au tissu évident et normal de la compréhension du monde et de

Il convient de noter que ces changements ont eu lieu depuis le siècle dernier, surtout à partir de la seconde mi-temps. Comme l'historien Eric Hobsbawm (1999 : 18) au le sien livre *Histoire la Siècle XX,* "ce point final a été la à partir de plus haute transcendance l'histoireCA à partir de la siècle, car au la je sais disque une Séries à partir de changements Profond et irréversiblepour la vie humaine sur toute la planète. À partir de la fin de la Seconde Guerre mondiale Monde, souvenons-nous la consolidation et la effritement la *monde bipolaire* (com-nid *contre* capitalisme); la cycles à partir de augmenter économique et dépression; "la décèsde la paysannerie » [4] ; l'urbanisation et la révolution des transports publics qui en découlent ; l'essor des professions exigeant des études secondaires,

11

tertiaires et universitaires rivières; la croissance et l'essor de l'enseignement supérieur, la nouvelle conscience féminine et la inclusion à partir de la femmes au la Université et au la marché la travail [5] ; la variation-nda au la réglages les proches; la boom à partir de une culture Plus précisément jeunesse; la développement de la grande consommation, mode, industrie du disque, télévision, la les technologies électronique, etc. Est dire, la rôle la État, la marché et à partir de ladifférent établissements social a été En changeant, et à partir de le sien main, la des lignes directrices à partir de organisation,la hiérarchie à partir de valeurs, la Des modèles à partir de référence, la vœux et la attentes tellement à partir dela les individus ainsi que les communautés dans leur ensemble. [6]

Toujours trouver des lignes de continuité pour les caractéristiques du monde actuel dans un temps historique plus long, on pourrait parler d'un nouveau type de modernité. Pour Baumann (2002), l'ère actuelle peut être définie comme une « modernité liquide », dans laquelle que le pouvoir et l'argent circulent, se déplacent, s'épuisent et ont besoin d'un monde libre à partir de fers, barrières, les frontières fortifié et contrôles. Au opposition pour son, ce Quel la Auteurappelée « modernité solide », aujourd'hui disparue, s'est construite sur l'illusion que apporterait une solution permanente, stable et définitive aux problèmes. le le changement était compris comme le passage d'un état imparfait à un état parfait, et le processus de la modernisation a été effectuée une fois et de ne pas changer plus. Modernité liquide avoir autre conception: la changement et la innovation je sais effectuer en permanence. Baumann illustre la différence entre les deux configurations en comparant deux caractères représentés provisoire chaque de ces instants sociohistorique et culturel :

"Il est compréhensible que Rockefeller veuille ses usines, ses chemins de fer, les chemins de fer et les puits de pétrole étaient grands et robustes, pour les posséder pourbeaucoup, beaucoup la météo (pour tous la éternité, Oui nous mesurons la la météo selonla durée à partir de la durée de vie Humain ou à partir de la famille). Sans embargo, Facture portes Je sais-ra sans pour autant douleur à partir de possessions Quel Hier ce étaient fiers : aujourd'hui ce Quel donne Bénéfices est le rampant vitesse à partir de circulation, recyclage, vieillissement, Jeter et remplacement -non la durabilité non plus la durable fiabilité la produit-".

Les deux cas illustrent dans des histoires personnelles les processus macrosociaux et leurs visions du monde tives. Mais il faut comprendre – comme

Hobsbawm (1999 : 13)– Quel la réflexion au est monde complexe avoir ainsi que pour toutes les personnes et tous une de nos à l'âge adulte une dimension autobiographique incontournable :

« Nous parlons en tant qu'hommes et femmes d'un temps et d'un lieu précis, qui ont participé à son histoire de diverses manières. Et nous parlons aussi aussi, en tant *qu'acteurs qui sont intervenus dans leurs drames - même insignifiantsQuel est été notre papier –*, Quel observateurs à partir de notre époque et Quelindividus dont les opinions sur le siècle ont été formées par ceux quinous considérons les événements cruciaux de la même chose. Nous en faisons partie

Ce que nous voulons dire, c'est que, contemporains des événements sociaux, politiques, culturels, économiques et éducatifs que nous essayons de comprendre, parleront au notre interprétations, la l'histoire personnel et la marques Quel la situations nous ils ont laissé comme expérience. Dans les manières de réfléchir et de connaître le monde, il sera pré- sentir notre subjectivité, Quel plus Quel une *la source à partir de Erreur* est état à partir de possibilitéde la connaissance. L'objectivité toujours revendiquée est impossible. Et le point de vue inéluctable. Il est donc nécessaire d'avoir une certaine vigilance à ce sujet. Pensez à lamonde, repenser la place de l'école dans le nouveau contexte socio-économique mondial etlocal ça implique dialogue avec les autres sens au la monde. Nouvelle sens Quel ils entrerontau jeu dans de nombreux interaction avec les jeunes dans le l'école et dehors son.

Reconnaître notre positionnement non Il constitue une relativisme éthique individualiste. Est importer-beaucoup comprendre Quel la relation amoureuse sujet objet je sais donne au la contextes à partir de entraine toi et au la dimension actif la connaissances. Non je sais traite, sans pour autant embargo, à partir de socialiser la sens commun. Bien est "est un mécanisme trompeur qui obscurcit les connaissances ; installe le sujet dans un objectif supposéla vie et toi empêche prévenir des indices à partir de changement ou à partir de anomalie au la interprétation à partir de ce réel". EstQuoi "Oui à partir de la panneaux la environ, seule conserver celles Quel Je suis d'accord avec notre connaissance, confirmer nos convictions, justifier nos (in)actions et coïncideravec notre imaginaire » [7] . Par ce, pour surmonter la *obstacle épistémologique* [8] Quel la senscommun supposé, nous essayerons promouvoir à partir de est Matériel une la lecture intentionnel et la revue,intégrer l'intelligence et l'intuition, les raisons et les soupçons pour construire le chemin deconnaissance par problématisation . En plus de penser et d'avancer dans la compréhension précis, bien que provisoires et perfectibles, et proposent un cadre pour refléter l'interprétation ration la revue à partir de la les technologies à partir de la information et la la communication au la enseignement.

Nous nous engagerons dans cette voie en abordant le monde contemporain à travers une sélection de cinq situations ou événements marquants de l'actualité. Il tra-ta à partir de des indices ou empreintes de pas à partir de quelque chose plus gros. Elles sont, pour la temps, cinq "coups" Quel présenter unevoir et se réconcilier une Cadre à partir de situation, une chantier de construction, une *collage* au la je sais ils peuvent aperçudifférent parcelles et textures, densités et dimensions la Cadeau au la nous vivons. Volonté

Concentrez-vous sur certains moments, nous arrêterons le temps un instant, pour y entrevoir lemouvement permanent et la multiplicité à partir de leur Emplacements. Essayons, pour partir à partir de celles-cicoups commencer pour reconnaître quelque à partir de la caractéristiques la monde la nous formons partie.

Premier coup: "C'est important, c'est la puce, Mapuche"

est est la slogan à partir de une La publicité à partir de Téléphone (s téléphones portables à partir de 2004. le scène goûter pourune mec à partir de sur cinq années converser au la cuisine avec le sien maman. Tandis que-après avoir marché d'un côté à l'autre, le garçon parle rapidement et fermement en essayant de la convaincre : "Le ébrécher est ce important (à partir de toi Téléphone portable). le ébrécher je sais restes avec tousla information…". POUR mesure Quel le sien discours passe, la appareil photo départs pour trahir à lapetit, jusqu'à ce qu'il montre enfin l'image du téléphone portable immergé dans un aquarium. La puce était dans la main du garçon, il avait été sauvé du mal. "Savez-vous comment dire à l'avenir? La puce, Mapuche », conclut le protagoniste.

Dans cette ligne, il est possible de reconnaître certaines caractéristiques du monde contemporain : le développement rouler technologique au base à la poursuite numérique à partir de la information; la offrir croissanceà partir de des produits et prestations de service à partir de télécommunications [9] ; les différences générationnel au tourniquet à l'appropriation des nouvelles

14

technologies, voire au sentiment que les enfants, les jeuneset les adultes parlent des langues différentes. L'éloignement générationnel entre parents et enfants, enseignants et élèves, grands-parents et petits-enfants, se manifeste généralement dans l'utilisation de la langue,des valeurs culturelles et des perceptions du monde nettement différenciées.

Il faut souligner que les écarts générationnels ne sont pas exclusifs à cette époque.En réalité, on peut dire que les grandes transformations du XXe siècle ont marqué important différences générationnel le gens née avant de à partir de 1925 Ils avaient un petit peuà voir avec ceux qui sont venus au monde après 1950. La jeunesse comme aujourd'hui nous savons est une *invention* à partir de la période d'après-guerre. Est Quel pour partir à partir de la seconde demi la siècle XX l'existence des enfants et des jeunes en tant que sujets de droits a été revendiquée et, surtout, au la Cas à partir de la jeunes, Quoi sujets à partir de consommation. Est ainsi que au période d'après-guerre où une puissante industrie culturelle a émergé qui a défini les jeunes Quel destinataires à partir de le sien offrir. le augmenter à partir de la industrie musical a été la plus spectacle-marché, mais pas le seul, et a offert pour la première fois des produits *exclusifs* pour les jeunes, quiils ont commencé à avoir une plus grande autonomie de décision et de protagoniste historique. La jeunesse étaitbeaucoup plus Quel une grouper âge Quel je sais différencié à partir de leur plus grand. Selon Hobsbaum (1999 :331), la culture jeunesse je sais converti au la matrice à partir de la révolution culturel la siècle XX, visible au la comportements et douane -mais au tout au la mode à partir de apporter la loisirs-, Quelje passe pour configurer tous temps plus la environnement Quel ils ont respiré la Pour des hommes et femmes Urbain.

Puis la différences générationnel déjà ils étaient célèbre, Alors Quoi la la perception à partir de Quel lasociété j'étais faire l'expérience une Nouveau moment culturel, au la Quel passé et Cadeauils ont été reconfigurés à partir d'un avenir incertain. Dans les années 70, l'anthropologue Margaret Mead a déclaré que les jeunes acteurs étaient les mieux préparés à assumer le irréversibilité à partir de la changements exploité par la mondialisation, la croissance iconologieco et l'internationalisation de la société :

"Notre pensait nous lier encore à la passé, à la monde tel Quoi existait aula époque à partir de notre enfance et jeunesse, née et serviteurs avant de à partir de la révolution électronique, la plus de nousnon comprend ce Quel est moyens. le les jeunesà partir de la

15

Nouveau génération, au changement, je sais ressembler pour la membres à partir de la premièregénération née au une de campagne Nouveau. Devoir apprendre ensemble avec la les jeunes lafaçonner à partir de donner la A venir Pas. Mais pour procéder Alors, devoir déménager laavenir. Pour les Occidentaux, l'avenir est devant nous. en procès à partir de De nombreux les villes à partir de Océanie, la avenir réside derrière, non vas-y. Pour accumulerune culture au la la passé être Utile et non coercitif, devoir Localiser la avenirViens en nous, quoi quelque chose Quel est ici astucieux pour Quel ce allons aider et protégeonsavant de à partir de Quel née, car à partir de ce contraire, être aussi après-midi". [10]

le auteur distingue schématiquement Trois les types à partir de culture selon la formes Quel prise la Trans-mission culturel, et Quel ils peuvent servez-nous pour penser la Cadeau. le culture *post figuratif* estce au Quel la enfants ils apprennent à partir de leur plus grand. le Cadeau et la avenir est-ce ainsi ancrédans le passé. Ce sont les cultures de la tradition. Le *Co figuratif* est celui dans lequel les deux enfantsQuoi Adultes ils apprennent à partir de leur paires. le avenir est ancré au la Cadeau. Elles sont la des cultures à partir dela la modernité Avancée. le *préfigurait* est ce culture au la Quel la Adultes ils apprennent à partir deenfants; pour Mead, c'est un moment historique sans précédent "dans lequel les jeunesacquérir et supposer une Nouveau autorité par le sien captage préfigurait la avenir ONU-à cet égard, l'anthropologue Rossant Reuilly (2000) commente que la valeur deLa proposition de Mead est de pouvoir la situer à notre époque, dans des sociétés comme celles d'Amérique latine. cheveux blancs où ils peuvent présenter quelqu'un simultanément formes *poste* , *co* et *pré figuratifs* . Est dire, aula coexister différent modes à partir de être lié avec la avenir et la passé.

De nos jours, et surtout avec l'avancée des TIC, l'école n'est plus le canal privilégié par lequel les nouvelles générations entrent en contact avec information ou je sais insérer au la monde. le enfants et les jeunes avoir connaissances et ONU-tresses Quel ils ont appris sans pour autant intervention à partir de la Adultes. Par le sien partie, la durée de vie à partir de la plus hauteune partie des adultes d'aujourd'hui a vécu dans un environnement social et technologique totalement différent. Dans cet environnement, les institutions "famille" et "école" se sont maintenues une unicité à partir de discours, la autorité je sais construit verticalement et la les pratiques à partir de avec-sumo environ à partir de la les technologies à partir de la la communication je sais donné au une le contexte à partir de fortmédiation adulte. Au fil des décennies, puis, ce sont les mêmes configurations. relations de pouvoir entre générations ce qui change :

16

décisions sur les différentsaspects de la vie ne sont pas enseignés ou obéis de la même manière, la connaissance n'est pas acquérir non plus nid à partir de la même façon. Au est sens, la sociologue Emilie TenteFanfan (2000) affirme que les changements dans l'équilibre des pouvoirs entre les enfants et les jeunes et les adultes constituent l'un des facteurs qui mettent en crise l'ancienpositif Quel organisé la durée de vie à partir de la établissements écoliers. Onze Est Quel la l'école j'ai euvoix légitime et exclusive à la fois pour définir quelles étaient les connaissances précieuses pour la société comme qui étaient ceux qui, les possédant, pouvaient les transmettre.

Il est donc clair que lorsque nous nous interrogeons sur les relations entre les membresde générations différentes, nous ne nous référons plus seulement aux interactions de personnes de différentes divers âges. L'idée de *génération* ne peut être pensée comme une catégorie exclusive.très biologique, elle doit aussi être considérée comme culturelle :

"Ce Quel distance pour une petit fils à partir de le sien grand-père non Elles sont 70 années chronologique Par ailleursSept décennies à partir de transformations culturel, social, Stratégies et économiqueCas Ce Quel distance générationnelle ment pour une élève à partir de le sien prof non Elles sontles anniversaires qui ont été célébrés, mais les différentes visions du monde du monde qu'ils ont construit tout au long de leur expérience. les marques générations ne sont pas logés ou affleurent, puis, dans les cheveux avec ou sans cheveux blancs Par ailleurs au la façons à partir de concevoir la passé, à partir de transit la Cadeau, à partir de imaginer l'avenir, souhaiter, rêver, entrer en relation avec les autres etprésentez-vous aux autres. Bref, dans les processus de constitution à partir de la identité posséder et la collectif à partir de qui appartiennent Quel intégrer Des marquesà partir de époque". [12]

tous les cas qui vont de la traite à notre réfrigérateur, il y a de la recherche et production de connaissances appliquées à l'industrie. Mais l'existence de ces informationsÉtain dans un *sachet, une* bouteille ou un carton parle aussi d'une population consommatrice qui juge positive l'implication de la science dans la plupart des domainesla durée de vie. Bien que OMS acheter ce Lait peut être non arrivée pour comprendre à partir de Quel je sais traite,valoriser l'existence de ces informations, la transparence de la communication parde la compagnie.

POUR partir à partir de la années cinquante, Paiement Obliger la *révolution scientifique-technique* et je sais se conformer-le système science-technologie-production, liant étroitement les progrès chacun des champs. Production scientifique et technologique intensive dans les laboratoires le droit des sociétés est l'une des caractéristiques de la société de notre temps. Comme l'explique le sociologue Manuel Castels (1995), l'information est devenue contribution et facteur principal au la restructuration à partir de la processus productif. je sais traite à partir deune Nouveau logique à partir de augmenter et accumulation la Capitale. Selon est Auteur, "la produire-étain, le traitement et la transmission de l'information deviennent les principaux sources productivité et puissance.

Au la production à partir de des biens et prestations de service, la systèmes Quel traiter information et la auto-nuancer à partir de certain corvées Quel avant de je sais effectué au façonner Manuel Elles sont protagonistes. Dans ce cadre, la connaissance devient un intrant clé pour la *compétitivité*. Ainsi, à partir du système productif, la notion de *savoir* est mise en circulation *compétitif*, Quel avoir certain caractéristiques associée à la monde la main d'œuvre. je sais traite à partir deune connaissance généralement développée en entreprise, centrée sur des problèmes ou sur Projets et non au discipline, lié pour Besoins à partir de application et innovation. Dans-elle profite aux professionnels de différents domaines ; fait l'objet de contrôles qualité diversifiés (normes et standards internationaux, pertinence sociale, efficacité économique, acceptation information des consommateurs, etc.) et utilise les réseaux informationnels pour sa production, circulation et échange. C'est donc alors qu'une part importante des tâches est lie avec la génération à partir de information et à partir de connaissances, avec la la reproduction, adapter-station, diffusion et vente de messages, d'idées, de systèmes, d'images et symboles.

Au est le contexte, la écoles et les universités partir à partir de être la unique centres à partir de le progrèsscientifique et les seuls qui contrôlent la diffusion du savoir social. Sa capitale-cône- fondation est en concurrence avec le capital-savoir généré de manière autonome par le systèmeindustriels, financiers, commerciaux et militaires, qui ont développé leur propre centres recherche et divulgation.

Ainsi, une nouvelle carte des métiers et professions promue par la nouvelle formes à partir de produire, communiquer et faire en sorte la connaissances, bondir tellement pour la classer par ordre alphabétique-l'étain pour le monde du

18

travail ainsi que la nécessité de se réconcilier avec les nouveaux modèles affaires. Tout cela se traduit donc par des exigences très précises vis-à-vis du système. Éducatif au toutes les personnes leur niveaux. je sais demandes modifier orientations et Contenu au une fonctionà partir de la formation pour la travail, et augmenter la niveaux à partir de qualité. Quelque les tendancesdu changement impactent la manière dont le processus éducatif est conçu et organisé, marquant l'orientation des profils institutionnels et diplômés. Parmi ces dix- cancres, l'incorporation des technologies de l'information et de la communication occupe uneplace centrale pendant quelques décennies, favorisant des débats forts autour de son mode et objectifs à partir de insertion. le discussion sur à partir de la besoin à partir de incorporerles TIC comme matière à part entière ou comme contenu transversal, l'accent mis sur la des aspects plus instrumentaux ou plus critiques en termes de formation des étudiants, buts aligné avec la formation pour la travail ou la formation citoyen, la des visions

plus centré au la utiliser à partir de ce informatique ou celles Quel fais plus haute accent au ce mule-média du temps Elles sont réponses pour la relation amoureuse connaissances scolaires, selon la différent demandes,qui ont un fort impact sur les propositions pédagogiques. Il existe actuellement unun certain consensus sur la nécessité pour l'école de former aux TIC en pensant développement des compétences et promotion de l'apprentissage continu avec inclusions Quel contribuer à l'intégration des modalités.

Cependant, au-delà de la décentralisation des lieux qui produisent ce qui est considère la science appliquée, il est important de toujours se rappeler que les gens là-bas travail, appartenant à différents domaines de connaissances, ont été formés et continuent d'être commander dans le système éducatif.

De cette façon, dans le travail quotidien avec les TIC à l'école, il devient nécessaire sari passe à partir de la notion à partir de "société à partir de la information" basé au la les technologies à partir del'information et l'échange à l'échelle mondiale, à une notion de "société de la connaissance" fondement » que, contrairement à la représentation globalisante induite par la première,comme le souligne Armand Mattel art (2006), met en évidence la diversité des modes de appropriation culturel, Les politiciens et pas cher à partir de la information et à partir de la connaissances

19

intelligences lié

Traditionnellement, la image Publique à partir de la la science et la La technologie il était dominé par les réalisations d'intellectuels individuels. Aujourd'hui, en revanche, certains des travaux scientifiques plus choquant elles sont la résultat à partir de la collaboration à partir de groupes. * leSuivant séquence résume est changement.

• Pendant des siècles, les pères de la science moderne ont été liés par des collèges invités. sables, est dire, formé partie à partir de une communauté à partir de des chercheurs à qui échanger d'idées représentaient la base des avancées scientifiques. Bien que les scientifiques aient fondé leur travaille dans les autres et communiquait entre eux, publiant finalement seul. beaucoup de grands- dés des idées Ils étaient attribué pour quelque penseurs influent Quoi Galilée, Newton, Darwin et Einstein. Par conséquent, la façon traditionnelle de faire de la science dans la modernité père (jusqu'à ce que la Seconde Guerre Monde) je sais décrit Quoi une sérine à partir de nœuds isolé.

• Au la seconde demi la siècle XX, la la science je sais Est revenu, plus et plus, une travail grouper. UNEUn bon exemple en est le célèbre couple de biologistes Francis Crick et James Watson, qui a découvert la structure de l'ADN. Ils n'étaient certainement pas les seuls. Ils eux-mêmes ils ont fait des couples avec les autres scientifiques mise en place réseaux à partir de connaissances. ledes publications conjointes ont documenté ces collaborations donnant naissance à des écolesinvisible, remplacer la Connexions caché avec co-auteurs publié.

• Actuellement, bien que les collaborations dominent rarement la façon de faire de la science aussi nombreux que celui du consortium international du Humann Génome Project ** , une grande partie des domaines de recherche nécessitent ce type de collaboration. À partir de En effet, la taille des équipes qui font du travail collaboratif augmente, verser la exercer scientifique au une rapporter à forte densité interconnectés.

Le réseautage, la coopération et la communication ne se limitent pas à l'activité mais sont caractéristiques de la vie sociale et de la construction des sociétés. Villes. Au-delà, l'interconnexion des personnes et des organisations à travers réseaux l'informatique des offres une Nouveau chance: la à partir de multiplier, Quoi ça dit

20

Derrick à partir de Kerckhove (1999), la "l'intelligence lié" au une fonction à partir de objectifs commun. Le plus grand potentiel de transformation de ces technologies réside dans la possibilité de donnersoutien aux réseaux et espaces qui permettent la communication, la création d'espaces de la collaboration et la bâtiment à partir de connaissances et la interaction Entrez gens.

* Barabbas, Albert-Laszlo (2005) : « Réseau théorie - la émergence de la Créatif entreprise", *Scientifique Américain,* Vol. 308.
** Le projet du génome humain (HGP) consiste à cartographier tous les nucléotides (ou paires à partir de bases) et identifier la 30 000 pour 35 000 gènes présente au il. le gros montant à partir de information Quel généré et génère le PGH a nécessité le développement de bases de données électroniques pour pouvoir stocker et gérerpot à partir de façonner plus facile et vite tous est information. *le GDB homme génome Base de données:* http://www.gdb.org/

Par partie à partir de tous société. Jésus Martin Coiffeur (2002), à la même Quel Art matte, pimenter-liste sur les questions de communication et de culture, met en évidence:

"Notre sociétés Elles sont, à la même la météo, sociétés la inconnuoncle, ce est la non reconnaissance à partir de la pluralité à partir de connaissances et compétencesque, étant partagées par les majorités populaires ou les minorités,tu rigoles indigènes ou régional, non est-ce ainsi être incorporé Quoi tel non pluspour la Plans à partir de la société non plus même pour la systèmes éducatif. Maisla subordination des savoirs oraux et visuels souffre actuellement d'un érosion croissante et imprévue qui trouve son origine dans les nouveaux modes de production.duc ion de connaissances et de nouvelles écritures qui émergent à travers le nouveautechnicités, et notamment de l'informatique et d'Internet ».

La troisième accident vasculaire cérébral:Argentins au la Extérieur
"Expériences à partir de Argentins au la Extérieur et la dilemme à partir de retourner ou non à la de campagne" est la qualification à partir deune Article publié au *Clairon* la 7 à partir de août à partir de 2006, Quel traite non au une curiositéla moment, Par ailleurs au une thème récurrent à partir de Fabriquer Quelque années au la agendas plusimportant la de campagne. Au général, la notes compter par Quel je sais Ils étaient, excuse moi ils vivent, lequel est le sien relation amoureuse avec la

21

de campagne Quel la reçoit, au Quel ils travaillent, etc. UNE variante à partir de est taper à partir de notes est, par Exemple, Quel fais la scientifiques Argentins au les autres des pays. Est commun, ainsi que, trouver- apporter au la histoires Quel la les technologies à partir de la la communication, surtout l'Internet -avec leurpossibilités à partir de discuter et conférence vidéo-, constituer une Ressource important pour garder contact quotidien avec la famille et les amis. A ces histoires s'ajoute la création de sites internet Quel le exilé à partir de Gardel.org, sans-abri, les immigrants Argentins : la communauté à partir deArgentins par la monde, etc., Quel offrir une espacer pour partager la expériences au la ancien-étranger, Alors Quoi la souvenirs à partir de la Argentine originaire de. Au est sens, la Nouveau les technologies Ils contribuent substantiellement pour la la communication et à la Contact.

À partir de Quel pourparlers est accident vasculaire cérébral? Pourparlers à partir de la mondialisation économique, à partir de la migrations et des différentes raisons et formes de déplacement de la population dans le monde (par recrutement de professionnels dans des entreprises multinationales, à la recherche de meilleurs conditions de vie, guerres, raisons politiques, etc.). Souvenez-vous aussi de la les inégalités entre les pays – et en leur sein – [13] , ainsi que les vicissitudes pour construiremer une Nouveau durée de vie au une lieu différent à la à partir de origine, la conflits social, culturelet de coexistence que cela génère. Cela semble être un moment, comme Martín Bar-baron (2002), « dans laquelle des hommes de traditions culturelles très diverses *émigrent dans la météo,* les immigrants Quel ils arrivent pour une Nouveau a été à partir de temporalités très diverse, mais partageant tous les mêmes *légendes* et sans modèles pour l'avenir. loin d'installer une culture unique ou homogène, l'intensification des flux culturels transnationauxleur semble dériver Dans un monde de caractère de plus en plus métis ».

Les TIC, grâce à la rapidité de traitement et de transmission et leur connexion à réseaux à travers le monde, ont changé les conceptions de l'espace et du temps. Est parle de l' *espace des flux* qui comprime le temps jusqu'à ce qu'il devienne présent continu et il comprime l'espace jusqu'à ce que les distances terrestres disparaissent. En plus d'aider maintenir le lien entre famille et amis, le réseau numérique interactif connecte les lieux distances avec leurs caractéristiques socioculturelles distinctives et rassemble divers modes à partir de la communication. le perméabilité tous temps plus haute à partir de la les frontières information-Nalos Il permet la émergence à partir de Nouveau communautés à partir de intérêts et valeurs Quel éviterla variable géographique. Ce phénomène prend de l'ampleur chez les jeunes, où la musique ou la Jeux au rapporter je sais transformer au noyaux à partir de communion. le utiliser à partir de la TIC renforce sentiment-la toux à partir de qui appartiennent, pour par à partir de la pages La toile, la courrier électronique ou la canaux à partir de discuter; estune façon à partir de agrandir cravates social et culturel à l'extérieur la quartier, la ville ou la de campagne.

Il est important de garder à l'esprit, comme le souligne Martín Barber (2002), que les procédures la mondialisation économique et informationnelle relancent la question de la identités culturelles-ethniques, raciales, locales, régionales, jusqu'à les transformer en un dimension protagoniste de nombre des conflits internationaux les plus féroces des dernier années, à la la météo Quel celles même identités, plus la à partir de le sexe et âge, est-reconfigurent la force et le sens du lien social et les possibilités de coexistence au ce nationale et ce local. Martin Coiffeur ajouter Quel ce Quel la révolution

la technologie de cette fin de siècle introduit dans nos sociétés n'est pas tant une quantité qualité inhabituelle des nouvelles machines mais un nouveau mode de relation entre les processus symboles qui constituent le culturel.

Le sociologue Dominique Dolto (1999, 2006) souligne que la compréhension entre cultures, systèmes symboliques et politiques, religions et traditions philosophiques il ne s'agit pas simplement d'accélérer l'échange de messages. Informer, exprimer ou transmettre ne suffit plus à créer une communication. Pour l'auteur, la "victoire de la la communication" vient accompagné à partir de une changement au le sien état. Est moins une traiter,avec un début et une fin - à la manière d'un message qui va d'un expéditeur à quelqu'un quile reçoit–, qu'un *enjeu de médiation, un espace de coexistence, un dispositif quipoints pour amortir la Rencontre avec nombreuses logique Quel coexister au la société ouvrir.*

Au est le contexte la rôle Quel supposer la les propositions à partir de enseignement au tourniquet pour la TIC résultatfondamental. Par une partie, car avoir la possibilité à partir de suivre, continuer expansion la limitesla Salle de classe à partir de la Salle de classe. Par autre, car au une monde Quel des endroits au Contact pour gens à partir delieux différents, apprendre à communiquer avec sensibilité envers les autres (s'exprimer, écouter, dialoguer, comprendre, échanger, parvenir à des accords, coopérer, résoudre des problèmes. conflits avec

23

entente mutuel, je respecte et solidarité) est crucial pour la formation éthiqueet la démocratie des citoyens du XXIe siècle.

Trimestre accident vasculaire cérébral: le planète au danger

"Le planète au danger" est la qualification à partir de une Article journalistique Quel goûter une Cas à partir de
inquiéter dans l'ensemble : la pollution, chauffage à partir de la Terre et changement climat.

POUR prend fin à partir de la années soixante-dix, la détérioration à partir de la termes environnemental au Quelque pointsla planète ça a donné lieu à la début à partir de une grande débat au la routes Quel la humanité il y avait pris au position la croissance socio-économique, et même pour la la mobilisation à partir de la citoyens pour ces sujets. Le problème environnemental était alors considéré comme un problème adressableu termes à partir de discipline, extension la connaissances scientifique et instrumentation à partir demécanismes pas cher et financier. Par Exemple, je sais pensait Quel la la pollution je sais résolu _ par la création à partir de systèmes à partir de décontamination conçu à partir de la la science,la création à partir de de l'argent pour faciliter la investissements nécessaire et la prise à partir de les mesures Quoi la amendes pour lieu Frein pour la Actions pollué. est se concentrer biaisé et fra-frappé échec. Aujourd'hui je sais comprend Quel je sais traite à partir de une inquiéter la connaissances, Quel demande la conceptualisation à partir de la rapports Entrez société et nature:

« La crise environnementale, entendue comme crise de civilisation, ne pouvait comprendre contrer une Solution par la via à partir de la rationalité théorique et instrumental Quelconstruire et détruire le monde. Appréhender la complexité environnementale im- Appliquer un le processus de reconstruction et reconstitution de la pensé". [14]

C'est ainsi que le problème environnemental et d'autres, comme le clonage, la modification génétique, CA à partir de animaux et sols, la instrumentation productif à partir de celles le progrès pour gros escalader,

ils ont été définis comme *des problèmes scientifiques d'un nouveau type* [15]. Dans cette ligne, nous pouvons reconnaître partie à partir de le sien complexité: la "frais la le progrès", la Obliger la marché,la coexistence entre les peuples, la

24

souveraineté nationale, le rôle des États, la diplomatie, argent, participation citoyenne aux affaires publiques, mouvements social, la démocratie, le respect, l'avenir.

Par autre côté, la dommage causé par Quelque des produits scientifiques et la utiliser à partir de la la scienceà des fins politiques, idéologiques et militaires contraires aux visées humanistes qui qui lui avaient toujours été décernés ont suscité l'inquiétude des citoyens pour la pertinence éthique de ces activités humaines et de leurs résultats. Le traitement de problèmes à partir de Nouveau taper apporter avec lui des questions théorique sur à partir de la limites à partir de la la science occidental, le sien allégué objectivité et le sien présentation à la marge à partir de la valeurs. Autrement dit, cette conception de la connaissance scientifique comme façonner approche légitime et valable de la réalité.

Celles-ci problèmes mettre au preuve la besoin à partir de accumuler une Nouveau taper à partir de connaître-Je ments, à partir de exercer scientifique et à partir de participation citoyen au celles-ci affaires. je sais précis*dialogue entre disciplines,* entre différentes cultures et leurs savoirs respectifs, entre la les sciences et la connaissances laïcs à partir de la durée de vie tous les jours. le délimitation à partir de la connaissances au ladifférent des champs à partir de la les sciences constitué au leur première étapes une traiter nécessaire etUtile pour connaître la réalité. le *spécialisation* Ha apporté gros avantages, sans pour autant embarquer-va, a débuté pour devenir, récemment, au quelque chose Quel gêne au mesure croissance lacompréhension des problèmes. Selon Edgar Morin (1999), il y a une insuffisance chaqueplus large, plus profond et plus sérieux entre nos savoirs désunis, divisés, partagéset les réalités et les problèmes de plus en plus multidisciplinaires, transversaux, multidimensionnel, transnationale, global, planétaire. Selon la Auteur, je sais a besoin de une"réforme la pensait" Quel Autoriser lien, contextualiser, globaliser et, à la même la météo, reconnaître le singulier, l'individuel, le concret. De même, les connaissances scientifiques hégémoniques, pris en considération la unique capable à partir de présente nous au la connaissances réel, est En changeantà partir de lieu à la être la *homme commun* la Quel réclamations le sien espacer au la discussion au la concernent- Inc. la connaissances scientifique et leur Applications au la durée de vie Social.

Au est étape la l'école occupe une rôle central au la formation à partir de citoyens, est dire, à partir degens pouvoir à partir de penser la *complexité* à partir de la situations, à partir de adressez-vous à eux pour partir à partir de journée- des logos respectueux des différences, d'essayer des solutions valables pour le plus grand nombre, de mettre au jouer la intelligence, la intuition, la la créativité, la solidarité et la éthique, et à partir de supposer

La responsabilité que cela implique. *Le rôle de l'école est donc fondamentaltel et irremplaçable au la promotion à partir de formes à partir de penser, à partir de communiquer et à partir de Acte QuelAutoriser les jeunes abordent le défis de son temps.*

Cinquième accident vasculaire cérébral: *Vivre 8* , organisé par *marque vous alimenter l'histoire*
POUR peser la augmenter économique au de nombreux Régions la monde, non je sais Ha achevé avec la inquiéter à partir de la la pauvreté. Nous faisions mention au une accident vasculaire cérébral précédent pour Quel la monde globe-lysé goûter Quel la inégalité Entrez la des pays riche et la pauvre est tous temps plus haute, AlorsQuoi la écart au la à l'intérieur à partir de tous une à partir de elles ou ils. *Vivre 8* a été une un événement pour escalader monde,organisé par *Faire, construire la pauvreté l'histoire* (Faire, construire l'histoire la la pauvreté), la deux à partir de juillet à partir de 2005, au laQuel je sais ils ont effectué concerts à partir de Roche au différent villes la monde la même journée, mobilité levage Milliers à partir de gens et synchronisation la transmission au vivant et direct pour tout la planète.est accident vasculaire cérébral nous pourparlers à partir de la mondialisation, autre temps, et des endroits à partir de manifeste la observation à partir deNestor García Caccini (1998): "ce fragmentaire est une caractéristique de construction à partir de la processus globalisateurs . le mondialisation est tellement une ensemble à partir de processus à partir de homogénéisation Quoià partir de division la monde, Quel réorganiser la différences sans pour autant supprime-les".

Est intéressant arrêtez-nous au est un événement. le 1 à partir de juillet à partir de 2005, la Royaume Uniassume la présidence à partir de la syndicat européen et la première Ministre Tony Blair je sais s'engage à lieu au la programme à partir de travail pour la avenir la Suivant les sujets: Commerce juste, réduire- tonne ou tolérance à partir de la dette externe à partir de la des pays plus pauvre la monde, augmenter laaider économique, engagement pour aider pour se battre la LE SIDA. le deux à partir de juillet je sais fait du la concert *Live 8,* sous les mêmes slogans,

26

afin d'installer dans l'opinion publique est programme à partir de les sujets et atteindre la Pression monde au la dirigeants à partir de la des pays plus riche. Lier, Chef la grouper U2 ; Bob Geoff, à partir de Rose corps, et les autres étoiles international-clous la Roche et la Afficher mobiliser une causer politique. Blair apparaître au la canal à partir de vidéos comédies musicales rencontré pour Convertir avec une grouper à partir de les jeunes au celles-ci les sujets. le Roche, la politique, la avis Publique, la transmission pour tout la monde par radio et télévision. À partir de la placer à partir de L'Internet, quoi de plus à partir de apporter information au la thème, je sais promu différent Actions, Quoi par Exemple utiliser une bracelet blanche Quoi symbole à partir de accession pour la provoquer ou Envoyer Publier électronique pour la différent dirigeants Les politiciens. Parmi la 6 et la 8 à partir de juillet je sais rassembler la présidents la G8 (grouper à partir de la Sept des pays plus riche la monde: Etat Uni- deux, La France, Italie, Allemagne, Canada, Japon, Royaume Uni, plus Russie) au Glen Eagles, Écosse. le 7 à partir de juillet je sais produire la attaques les terroristes au le ville à partir de Londres.

Le développement de ce sujet dépasse les limites de ce matériel. nous voulons seulement mettre en évidence trois problèmes. En premier lieu, l'importance de la *synchronique* des événements. Deuxièmement, comment ces situations de terrorisme international contribuer à la climat à partir de incertitude et insécurité Quel nous venons décrivant. Par dernier-mois, laisser soulevé la question par la jeunesse au Est, leur différences et similitudes avec les jeunes les Latino-Américains, qui nous continuerons à traiter continuation.

Les jeunes sont de plus en plus traversés par les aux électroniques mondiaux, ce qui voir une partie tous temps plus important à partir de la matériaux au Quel je sais ils construisent la récits et versions à partir de ce Social et le sien posséder identité Quel personnes. [16] le culture

La culture mondiale, la culture de masse, n'agit pas seulement au moment où elle est confrontée à la écran, mais s'exprime dans la vie de tous les jours. Quand les jeunes fredonnent les chansons les flashions tons, quand ils portent un T-shirt avec des inscriptions, quand ils achètent la Vêtements *à partir de marque* , déjà non est-ce ainsi front à la appareil à partir de radio ou télévision. Est-ce ainsi se regardant se font face, ils communiquent au-delà de la présence du médium. Comme le dit l'anthropologue Maria Teresa Qu'Imroz (2003 : 64), c'est dans le corps, dans le visage, au la façon à partir de parlez, au ce Quel je sais manger, au

27

ce Quel je sais chante, où la culture à partir de masses's'affiche à chaque instant. Selon Régulons (2000), les costumes, la musique, l'accès à Certains objets emblématiques constituent aujourd'hui l'une des médiations les plus importantes pour la construction identitaire des jeunes, qui se manifeste non seulement marques visibles de certaines attributions mais, fondamentalement, comme un moyen Trois les autres- à partir de comprendre la monde. Elles sont formes symbolique, et non par ce moins réel,s'identifier à ses égaux et se différencier des autres, en particulier du monde adulte. C'est ainsi que le culturel, c'est-à-dire le domaine des significations, des biens et produits culturels, joue aujourd'hui un rôle de premier plan dans toutes les sphères de la vie. Est dans le domaine des expressions culturelles où les jeunes deviennent visibles en tant que acteurs sociaux. [17] Ecologie, paix, droits de l'homme, défense des traditions l'expansion de la conscience, le rock-même l'anonymat, l'individualisme, hédonisme ou consumérisme – deviennent des drapeaux, des emblèmes qui regroupent, donnent identité et établir les différences entre les mêmes jeunes.

Est important évacuer Quel la les jeunes non constituer une grouper homogène? Non toutes les personnes laQuel avoir la même âge participer à partir de la même "classer à partir de âge", déjà Quel non toutes les personnes com-partir la même caractéristiques et expériences vital (former coupler, travailler, atteindre autonomie économique, études, etc.). Au-delà de ces particularités génériques, la adolescents et les jeunes Elles sont transporteurs à partir de une culture Social terminé à partir de connaissances, valeurs, attitudes, prédispositions, qui ne coïncident généralement pas avec la culture scolaire et, en surtout, avec le programme que l'institution se propose de développer. Comme dit Tenuti Fanfan (2000), alors que le programme scolaire garde les traces des funs- rationnel (homogénéité, systématicité, continuité, cohérence, ordre et séquence unique, etc.), la Nouveau générations Elles sont transporteurs à partir de des cultures diverse, fragmenté,ouvert, flexible, mobile, instable, etc. L'expérience scolaire devient souventfais au une frontière où je sais trouver et visage diverse univers culturel.

Puis, une façonner possible à partir de approcher est situation est travailler avec la des produits et laprocessus à partir de production culturel à partir de la jeunes, pour essayer *écouter* Quel est-ce ainsi en essayant à partir de dire pour par à partir de leur la musique, le sien poésie, leur *graffiti;* Quel est-ce ainsi en essayant à partir de dire pour la SW-société au termes à partir de réglages cognitif, affectif et, surtout, Stratégies.

[18] le des cultures juvéniles ils agissent Quel expressions Quel encoder, pour par à partir de symboles et expressions idiomatiquesdiverse, la espérer et la peur. le défis Quel la les jeunes toi pose pour la entreprise-père est-ce ainsi là, avec leur forces et faiblesses, avec leur contradictoires et désarticulations.

Revenons à la *trace « Live 8 »* pour voir comment le rock et les cultures de la jeunesse qui ont été développé au siècle dernier, notamment entre les mains des médias, ils répondent au est Nouveau siècle pour une annonce politique et global terminé par étoilesde roche. On trouve aussi quelques indices d'un nouveau type de participation politique.tic à partir de la jeunes : je sais observer la tendance pour la accession, avec une sélection prudent,

à des causes spécifiques et pas tant au militantisme traditionnel. Selon Regulon (2000), ces "engagements itinérant" devoir être lire Quoi formes à partir de performance politique non institut didactique, comme une « politique en minuscules ». Les jeunes, malgré leurs différences, partagent la caractéristique d'avoir une conscience planétaire, globalisée, qui peutêtre considéré Quel une vocation internationaliste. Rien à partir de ce Quel arrive au la mondecela leur est étranger. D'autre part, ils privilégient les petits espaces de la vie quotidienne comme tranchées pour renforcer la transformation global. Régulon ça dit Quel tel temps je sais la pouvezles accuser d'être des individualistes, mais il faut leur reconnaître un « principe éthico-politique général ». perchoir » : la reconnaissance explicite de n'être porteur d'aucune vérité absolue dans Nom d'où exercer un pouvoir exclusif.

Saisir ces significations nous permettra d'avancer dans la compréhension des différentes manières dont la les jeunes participer réel ou virtuellement au la espacer Social et au la durée de vie Publique, et alorstravailler avec eux, dès l'école, pour la citoyenneté du XXIe siècle.
Foules intelligent *(Intelligent monstre)*
Entre 1999 et 2000, Howard Rheingold a commencé à remarquer que les gens utilisaient les téléphones portables et Internet de nouvelles façons. Dans différentes villes du monde, les jeunes nouvelles et non alors les jeunes utilisé est La technologie pour s'organiser spontanément autourniquet pour Actions collectif, à partir de celles à partir de nature politique jusqu'à ce que la pur Amusant.Les gens

29

se réunissent, coopèrent d'une manière qui n'était pas possible auparavant parce qu'ils ont avec des appareils capables de traiter et de communiquer des données. Sans embargo, sont les technologies pouvoir à partir de agrandir la la coopération déjà ils ont éprouvé êtrebénéfique et destructeur, utilisé à la fois pour soutenir les processus démocratiques et pour des actions terroristes. Malgré cela, pour Reinold, il y a une grande opportunité pour *les foules intelligentes* : l'alphabet, les villes, la presse n'ont pas éliminé lesla pauvreté non plus la injustice mais ils ont fait possible Quel je sais ils vont créer entreprises tonnelier-rapports pour aller mieux la Santé et la bien-être à partir de la gens. Devoir rappelles toi Quel lales opportunités de progrès les plus puissantes ne se trouvent pas dans les technologies électroniques. Cas Par ailleurs au la les pratiques social.

Or du Rhin, Howard (2002) *Foules intelligent,* Barcelone, Geisha. Page personnel: http://www.rheingold.com/ (Au Anglais)

Quelque des articles au celles-ci les sujets, publié au Éduquer:

flash mobs et *smart mobs* : Crespi, Karina (2006) « Le Web : une plateforme pourla la créativité?" au: http://weblog.educ.ar/espacio_docente/webcreatividad/archives/001559. Bouillie [Dernier consultation: 8 à partir de février à partir de 2007]

Utilisation des téléphones portables et des SMS : Manzoni, Pablo (2006) "Cell phones as interfaces culturel", au http://weblog.educ.ar/sociedad-informacion/archives/007547.php
[Dernier consultation: 8 à partir de février à partir de 2007]

Ainsi que:

Rugueux à,Caroline (2006) : « Le des postes à partir de texte,une entraine toi global?" au http://weblog. Educ.ar/sociedad-informacion/archives/007861.php [Dernier consultation: 8 à partir de février à partir de 2007]

UNE accident vasculaire cérébral plus: le "révolution" à partir de laTIC
Au est dernier accident vasculaire cérébral, nous intéressé surligner, pour la prend fin à partir de est Matériel, la importance de quoi je sais considère la *révolution* au la les technologies à partir de la information et la la communication.

30

« Le saut technologique qui permet de numériser l'information et qui encourage l'hypothèse qu'au cours des trente dernières années il y a eu une révolution informationnelle, se soutient en même temps dans le projet de vengeance à partir de supports, logique industriel, des cultures organisationnel, marchés et règlements à partir de la principale les industries en relation avec production, traitement, transformation, stockage et distribution d'information. La convergence est l'un des principaux concepts qui méritent d'être élucidées car c'est une somme de processus qui affectent la moelle de la société informationnelle. [19]

L'analyse de ces *processus de convergence,* qui renvoient, de manière générale, à la tendance à la fusion d'entreprises du monde du divertissement, du journalisme, production de logiciels et de matériel, télécommunications, dans les grandes entreprises, dépasse la étendues à partir de est travail. Sans embargo, nous voulons pose deux reflets. leLa première circonscrit la convergence au seul plan technologique. La possibilité d'envoyer des photos via des téléphones portables ou de consulter *des éditions en ligne,* qui incluent des vidéos et des audois, des journaux du monde entier, ou d'écouter des émissions de radio par Internet, est produit grâce aux processus de numérisation de l'information. La *reconversion agence* est, au est sens, la possibilité à partir de Quel une même moyen, moyen être véhicule à partir de les textesécrits, des sons, images, vidéos. Aujourd'hui au journée pouvez écouter la *radio* au une radio,sur un ordinateur via Internet, sur un téléphone mobile ou sous forme enregistrée sur un lecteurde MP3. C'est comme si les médias ne pouvaient plus être identifiés par les appareils.

le seconde je sais fait référence pour la question politique à partir de la convergence et à partir de la mondialisation à partir de la culture Quel une organisateur à partir de la Mémoire et la J'oublie. le question voudrais -au motspar Armand Mattel art (1998) – si la numérisation des savoirs pouvait imposer une Nouveau critère à partir de universalisation, une mode particulier à partir de penser et à partir de sentir, une Nouveaufaçonner à partir de organiser la Mémoire collectíf. À la le respect, Béatrice carol (2002) soulève:

"Le accélération Quel cela affecte la durée à partir de la images et à partir de la truc, affecter-ta aussi la mémoire et le rappel. Jamais comme maintenant, n'était le souvenir un sujet si spectaculairement social. Et il ne s'agit pas seulement du souvenir decrimes commis par les dictatures, où la mémoire sociale maintient le désir de justice. Il s'agit aussi de la récupération des souvenirs cultures, la construction d'identités perdues ou imaginées, la ration de versions et de lectures du passé. Le présent menacé par la l'usure par accélération devient, au fur et à mesure, une question de la mémoire. Entre accélération du temps et vocation mémorialiste il y a des coïncidences (...) On a recours à des images d'un passé qui sont chacune de plus en plus d'images de la dernière. Pour résumer : culture speed papa et nostalgie, oubli et anniversaires. C'est pourquoi la mode, qui capte bien le époque, cultive avec le même enthousiasme le style rétro et la recherche de nouveauté".

le les technologies elles sont la élément évident à partir de la la communication et transport, Quel je sais Havu, un modèle culturel. Avec les TIC, il y a une autre perception du monde, à partir de vivre, à partir de travailler, à partir de enseigner, à partir de apprendre. Quoi de plus, Quel pose Walton (1999):

"Peu de secteurs aussi vitaux pour la société contemporaine sont aussi cadeau Quel la la communication technologique. le l'histoire la Téléphone, lale cinéma, la radio, la télévision, l'informatique n'ont qu'un siècle d'existence durée de vie. Mais la ruptures introduit par sont techniques ils ont été alors violent et je saisils ont dirigé pour cap alors rapidement, Quel Il semble Quel est-ce ainsi là à partir de toujours".

Cependant, la technologie ne suffit pas à changer la communication au sein du société et beaucoup moins les autres problèmes Quoi la à partir de la coexistence culturel au le Seinde la communauté internationale. Il y a une différence entre la vitesse de circulation à partir de la des postes et la lenteur à partir de la changements au le les pratiques social. nous allons reprendre estsujet plus tard, cependant, nous voulons soulever la question en utilisant des mots armoiries du même auteur :

« Si une technologie de communication joue un rôle essentiel, c'est parce que symbolise ou catalyse une rupture radicale qui existe simultanément dans le culture de cette société.

En principe, ce qui constitue un potentiel indéniable pour la tâche pédagogique est la possibilité offerte par les nouvelles technologies de démocratiser la production et de convertir leur outils au instruments à partir de Auteur. le possibilité à partir de *personnaliser* celles-ci Ressourcesça va dépende à partir de la contextes à partir de appropriation important Quel tous institution l'école pouvez

32

accumuler Entrez toutes les personnes la agents et sujets Quel participer au leur Projets à partir de l'intégration.

Les écoles et les enseignants dans un monde en mutation :

le indiquer à partir de Départ pour commencer travailler
Au la coups on a indiqué quelque éléments caractéristique la monde courant et, pour paire- tirer à partir de là, on a soulevé des questions et reflets avec la finir à partir de pouvez articuler et accumuler Nouveau les propositions à partir de enseignement.

Le spécialiste de l'éducation Andy Hargraves souligne que l'enseignement, à l'heure actuelle,c'est un métier qui subit la tension de deux forces, parmi d'autres. D'une part, il est prévu que les enseignants sont capables de mener un processus d'apprentissage qui permet développement des capacités d'innovation, de flexibilité, d'engagement et, en ce sens, devenir promoteurs ou promoteurs de la société de l'information et la connaissance et toutes les opportunités qu'elle promet. D'autre part, on s'attend à ce que la enseignants et la écoles atténuer et contrer problèmes à partir de notre la météo, Quel la Profond inégalités économique et au la accéder pour des biens symbolique, la excessifconsumérisme et la perte du sentiment d'appartenance à la communauté.

L'intégration des TIC dans l'éducation peut générer de nouvelles pressions sur le développement des tâches habituelles d'un enseignant et dans ses manières d'enseigner. Travailler avec la technologie- les technologies audiovisuelles et informatiques nécessitent d'acquérir de nouvelles connaissances, dépassant posséder la discipline Quel je sais est enseignement et garder *mise à jour;* Alors Quoi offrir, autre enseignement des matières, des approches cohérentes avec les changements que la nouvelle les technologies provoquer au termes à partir de production scientifique, et pertinent au relation amoureuse aux problèmes mondiaux. Cela implique de réfléchir sur ses propres pratiques et de concevoir les espaces et les temps dans lesquels l'enseignement aura lieu.

"Le cours du progrès scolaire ressemble plus au vol d'un papillon qu'à la trajectoire d'une balle », c'est la métaphore avec laquelle le pédagogue Philippe Jackson (1998) décrit l'activité dans les salles de classe et fait référence à des situations imprévues, unique, instable et indéterminé au la est nécessaire improviser. Ainsi que arrive-ra ce avec la TIC. Ici, la compétence, la la créativité et la sensibilité -tous Aspects à partir de laintuition –, équilibrant les forces de la raison, de la réflexion et de l'explication, sera unde valeur source à récupérer pour orienter tâche de l'enseignant. Vingt

Nous avons déjà commencé à l'élever : les changements culturels se déroulent à une autre vitesse que la nouveautés technologique. Ce même arrive avec la formation prof et la les pratiquespédagogique Ce important est entreprendre la façon à partir de la exploration et la expérience-tion pour la incorporation à partir de la Nouveau les technologies avec la clarté à partir de Quel sont non Elles sont une fin en soi, mais des moyens et des manières d'acquérir des formes deentente. Avoir au esprit est cible permettra éviter la pyrotechnie, la sensualisme etla ravage à partir de ce Quel Gaston Bache saindoux dénomme "intérêt impur" ou la faux centresd'intérêt qui détournent l'étudiant de la véritable connaissance.

Dans le cadre de l'intégration des nouvelles technologies en classe, les questions fondamentaux dans la réflexion sur une proposition pédagogique restent : pourquoi Quel, pour Quel et Quel enseigner?, excuse moi organiser la enseignement?, Quel et excuse moi évaluer?,
À partir de Quel mode devoir éduquer pour aller mieux la état Humain? Nous visons toujourspour boisson les décisions justifié et cohérent et pour planifier, entente Quel ce Amusant-pièce de monnaie, Quel ça dit Pierre Bourdieu (1997), Quoi une "Cadre" et non une "Potence". Ouvrir,souples, révisables, les plans doivent fonctionner comme des guides de travail, carce sont, selon les mots de Dino Salinas Fernandez (1994), « des hypothèses qui sont mises à l'épreuve », surtout quand pour lui enseignant l'utilisation de Les TIC sont quelque chose de nouveau.

Continuons à présent vers la Suivant mis à part, où nous présenterons quelque clés pourintégrer la Les TIC à l'école. JE.
Clés pour intégrer laTIC

Première clé: Accumuler la relation amoureuse avec la les technologies

Les perceptions et les attentes que nous avons concernant les vertus et les potentialités les caractéristiques des nouvelles technologies influencent le type d'approche et d'utilisation faisons à partir de elles ou ils. Selon recherche récent [21], la enseignants Je suis d'accord au reconnaîtrecomme aspects positifs que les TIC facilitent la tâche pédagogique, améliorent la qualité l'éducation et d'élargir

34

les possibilités d'accès au savoir. D'autre part, De nombreux apercevoir Quel aspects négatifs, la sensation à partir de "déshumanisation à partir de la enseigner-la manie" et la croyance à partir de Quel la les technologies ils peuvent encourager la "familialisme" au la étudiants.

Face à ce champ d'opinion, il est opportun de rappeler que les technologies ont des paramètres d'action individuelle et sociale. C'est-à-dire qu'ils facilitent différent les types à partir de Actions, interactions, organisations, les apprentissages, etc., et entraver les autres. Telle est, en quelques mots, la définition des *affordances* [22], un concept qui ne a une traduction littérale en espagnol, mais on pourrait dire qu'il est compris en termesmin relationnel : la technologie nous offre certaines *opportunités* et nous créons, nous partageons significations, rendus, valeurs, et nous développons Activités et applications Favoris environ à partir de elles ou ils. Au est sens, au la utiliser, au la relation amoureuse Quel nous établissonsavec les technologies, elles nous changent et nous les changeons.

Est important surligner, ainsi que, Quel la le contexte au Quel la interaction avec la La technologie de- peu fréquent intervient significativement au la définition à partir de la expérience? Notre lien avec laLa technologie non je sais fait du à partir de façonner isolé: la diverse motifs à partir de adoption et à partir de utiliser résultatà partir de la différent les pratiques social au la je sais insérer, et non à partir de la les technologies au Oui Mademoiselle- Suite. le représentations culturel ils jouent une papier exceptionnel au la la perception Social à partir de laposition et la nature à partir de la La technologie, la exercer pour effectuer avec son et la valeurs Quel je sais donner à la Rencontre. Ce est une idée important Quel De nombreux auteurs mettre l'accent sur pour non encourir au la *déterminisme technologique,* selon la lequel la La technologie est la seulement causer à partir de la changements cognitif, à partir de la les pratiques social, à partir de la des idées et à partir de la formes à partir de vivre au société. Au est ligne à partir de pensait, de nombreux ils sont tombés au la simplifié Explication à partir de Quel la en écrivant, lal'alphabétisation et l'imprimerie - surtout - ont apporté la liberté religieuse en Occident,la révolution industriel et scientifique, la origines à partir de la la démocratie et la capitalisme, etc. Au opposé, les autres auteurs ils ont montré Quel non est la La technologie à partir de la en écrivant au Oui mis-maman la Quel causer développements cognitif Nouveau, Quoi par Exemple: catégorisation, Mémoire, raisonnement logique, etc., Par ailleurs la processus à partir de scolarité impliqué, la évaluationSocial à partir de sont Activités et la conformation à partir de dispositifs institutionnel Quel la pousser et stimuler. 23 est est une à partir de la sens au Quel nous posons Quel la relation amoureuse avec la Nouveaules technologies je sais construire. Est par ce, ainsi que, Quel au est module nous allons pour parlez à partir de laTIC au termes à partir de *opportunités* , à partir de possibilités à partir de action perçu au tourniquet pour elles ou ils, à partir de défis, et non tellement à partir de effets Quoi quelque chose Quel nous pouvons prédire.

Créer contextes à partir de apprentissage avecTIC
Afin d'atteindre une plus grande clarté explicative et, en même temps, d'essayer d'éviter ce qui selon ce qui a été dit serait une vision réductionniste de la question, nous allons ordonner et pro- Dans cette section, nous problématiserons certains des apports ou opportunités du nouveau les technologies selon différentes approches.

À partir de une la perspective instrumental, nous pourrions dire Quel la principale contributionsdes nouvelles technologies aux activités humaines se concrétisent dans une série de fonctions tonnes Quel faciliter la la concrétisation à partir de la corvées, car sont, être la Quel être, toujoursnécessitent la réalisation de certaines informations, un certain processus je ments ce et souvent, de la communication avec d'autres personnes.

Au termes général, la Nouveau les technologies faciliter la accéder pour la information au mu-les mecs et assorti les sujets, au différent formes (les textes, images fixé et au mouvement, des sons), pourpar à partir de L'Internet, la CD ROM, la DVD, etc. ET ainsi que elles sont instruments Quel Autoriser:

traiter les données rapidement et de manière fiable : effectuer des calculs, écrire et copier du texte, créer socles à partir de Les données, modifier images; pour ce il y a programmes spécialisé: feuillestableurs, traitements de texte, gestionnaires de bases de données, éditeurs graphiques, images, sons, vidéos, présentations multimédias et pages Web, etc. ;

Automatisez les tâches ;

Stocker de grandes quantités d'informations ;

Mettre en place des communications immédiates, synchrones et asynchrones 24,

36

Travailler et apprendre en collaboration;

Produire des contenus et les publier sur le Web;

Participez à des communautés virtuelles.

À présent bien, plus là à partir de tout ce Quel nous pouvons fais, lequel voudrais la Opportunités dans le domaine de l'éducation ? On pourrait commencer par dire que ce qui nous permet d'avancer dans une nouvelle compréhension est de voir que les TIC sont un ensemble d'outils avec lesquels la individuel interagit à partir de façonner actif formant -Quoi proposer gabriel Silomon, David Perkins et Tamar Globe son (1992), chercheurs en technologie et l'éducation - une *association intellectuelle* qui vous permet d'effectuer des tâches plus efficace et en moins temps et les utiliser aussi comme "outils" penser » [25].

Au cours des deux dernières décennies, la perspective de la « cognition distribuée » s'est renforcée. Donne". C'est-à-dire considérer l'intelligence humaine comme distribuée au-delà du domaine la organisme soi même, englobant pour les autres gens, s'appuyant sur au la médias symboliqueet profiter de l'environnement et des artefacts. Selon les mots de Perkins, ce serait la "personne na-more" l'environnement. C'est-à-dire que la personne peut améliorer ses *performances,* développer son capacités ou aller plus loin, faire évoluer en profondeur leurs processus de compréhension. Sion. POUR la TIC Quel offrir une *association* ou *collaboration intellectuel* je sais la Ha appelé "instruments cognitif" ou "les technologies à partir de la esprit" car potentiellement Autoriserl'élève à penser à un niveau qui transcende les limites de son système cognitif. Pour la auteurs mentionné, "la chantier de construction à partir de une la personne au collaboration avec la La technologiepourrait être beaucoup plus 'intelligent' que le travail de la personne seule ». [26] Ils avertissent, sans Cependant, cette collaboration demande des efforts et si un développement supérieur est recherché, ci-dessus, l'élève doit participer de manière engagée, avec une attention volontaire (en manière « non automatique ») et diriger cognitivement la tâche accomplie. Salomon (1992) souligne Quel est *association intellectuel* est analogue pour la situation Quel je sais suscite lorsque une grouperdes personnes rassemblent leurs capacités mentales pour résoudre ensemble un problème,pose une stratégie ou créer une conception complexe. Selon la Auteur, "Quelque ils vont dominercertains sujets et en l'extériorisant ils donneront aux autres membres du grouper à partir de utiliser processus Quel non pouvait utiliser seule". À présent bien, dé est taperà partir de association, pouvez demandez nous où réside la intelligence. le Auteur Expliquer: "Je saispourrait prétendre que l'intelligence n'est pas seulement une qualité de l'esprit, mais qui est un produit de la relation entre les structures mentales et les outils internes. Telectuels fournis par la culture. Perkins (2001) commente que penser et apprentissage distribué dans la personne-plus apparaissent plus clairement dans des situationsoù se développe une enquête authentique et large : un étudiant qui élabore une test, une La publicité Quel pense une Cloche, une réalisateur Quel fait du une film, une ingénieur Quel conceptions une pont. Selon est Auteur, au éducation, d'habitude, la se concentrer

Et centre au la la personne "soliste", Quel les usages encyclopédies, livres, les textes, matériaux pourétude, mais pour l'exécuter, on lui fournit rarement autre chose qu'un crayon et papier. Déjà Quel pour la Auteur la la personne soliste non est plausible au la durée de vie réel, souligne Quella écoles ils devraient aider pour la étudiants pour poignée *la art à partir de la cognition distribué.* De plus, l'utilisation efficace de l'environnement ne se fait pas automatiquement, seulement parce qu'il est là, disponible. S'ils ne sont pas enseignés, les élèves ont tendance à ignorerquelque à partir de la Haut applications à partir de la « structures à partir de Support physique, symbolique ou Social" Quelest-ce ainsi pour le sien portée. Par Exemple, la résumés, Titres, indices et la connaissances à partir de la les structures textuelles font partie du système de support symbolique pour réaliser une la lecture efficace. Sans embargo, sans pour autant formation au stratégies à partir de la lecture, la étudiants nonils peuvent prendre avantage à partir de elles ou ils et d'habitude lire linéairement à partir de la début jusqu'à ce que la finir.

Si nous pensons aux TIC, nous trouvons des occasions de cultiver toutes sortes de compétences liées à la distribution ingénieuse de la pensée et de l'apprentissage. le *clés* ils sont, en quelque sorte, une orientation dans ce sens.

À maintes reprises, il a été suggéré que, compte tenu de l'augmentation croissante des informations disponibles, noble au L'Internet, déjà non voudrais alors important enseigner Contenu Par ailleurs compétences pour traiter ces informations. Cependant, du point de vue que nous présentons Cependant, cette

38

distinction n'est pas fondée, car un aspect fondamental dans l'art de la cognition distribuée est l'enseignement des connaissances. Arrêtons-nous là indiquer. En général, la compréhension d'une discipline n'implique pas seulement des connaissances la "niveau la Contenu" (actes, procédures), Par ailleurs ainsi que ce Quel pourrait appeléconnaissances à partir de "commande plus haute", sur à partir de la stratégies à partir de résolution à partir de problèmes,modes à partir de justification, Explication et caractéristiques investigateur la domaine au indices-thion, car est est niveau la Quel affecte au la capacité à partir de fais, à partir de Trier problèmes,proposer des approches, etc. Ces stratégies et modèles fournissent les principales pistes parmi lesquels choisir le comportement pertinent dans le domaine, et ce sont les qui donnent du sens aux activités qui y sont liées. Manquant de la structure decommande plus haute, la interprète soi va limité dans leurs options. Accepter avec Perkin,

« Une perspective centrée sur la personne plus souligne que les paramètres et les trajectoires de base du développement humain peuvent changer en fonction de pourrait généralement être considéré comme des nuances de l'environnement et de la relation de la personne avec lui. Et il est sûrement possible d'imaginer un processus éducatifcaptif Quel je sais est au plus haute diplôme vers la personne-plus, renforcement étudiants à accumuler plus de connaissances et d'art en relation avec le ressources cognitives fournies par les moyens physiques et humains qui entourez-les; en fait, donner aux élèves les moyens de construire autour de lui son « plus » personnel, son propre environnement pour un programme qui

Au synthèse, la sens à partir de accumuler la relation amoureuse il par la côté à partir de enseigner pour prendre avantage de lasystèmes à partir de Support au situations authentique et donner la outils pour la connaissancesà partir de ordre supérieur.

Désormais, élargissant le regard dans une perspective sociale et politique, les écoles qui signent aux jeunes de faire un usage significatif des TIC et de profiter des systèmes de soutien à la cognition, ouvriront les portes à de nouvelles possibilités d'accès à une flux d'information plus élevé, plus d'occasions de se rapprocher des sources d'enseignement - acné et opportunités de travail. Car ce que nous verrons sur module Est, les technologies issues de l'information et de la communication non Elles ne sont qu'un moyen, un médium ou un outil pour développer l'intelligence, autrement un espace multidimensionnel, public, collaboratif, pour la construction d'idées, de concepts et d'interprétations, l'organisation et l'action. Le TIC ils apportent un espace qui peut intégrer et compléter les corvées la classe, spécial- esprit dans l'expérimentation et l'apprentissage d'autres façons de savoir et d'autres façons de s'exprimer, de communiquer et de se rendre visible. En outre, la plus grande disponibilité d'informations sera mieux utilisée si les jeunes apprennent à poser des questions et à régler les problèmes avec des approches nouvelles, pertinentes et significatives (connaissance-esprit d'ordre supérieur). Enfin et surtout, nous sommes face à des opportunités potentielles pour permettre, encourager et préparer les jeunes à la participation à la vie sociale et publique avec leurs propres idées et critères. Ainsi, les plus âgés et un meilleur accès aux opportunités qu'offrent les TIC contribueraient à la démocratisation

Médias pour la participation

Howard Rheingold -Auteur déjà mentionné sur le matériel oriental- pense à ce que la nouvelle ten- néologie, Qu'est-ce que les téléphones portables et les ordinateurs sur le net, ils peuvent être utilisés Qu'est-ce que signifie pour la participation à la démocratie. Ici, nous résumerons certaines de leurs propositions en relation avec le thème de l'Orient.

Apprendre à utiliser ces technologies, à communiquer et à s'organiser peut être la plus importante compétence porteuse citoyenne que les jeunes doivent incorporer.

La voix publique est un moyen d'unir les compétences médiatiques et l'engagement civique. Les jeunes qui participent aux réseaux sociaux en ligne accèdent à d'autres espaces publics, car non seulement ils consomment mais créent également dans des environnements numériques : ils recherchent, adopter, je sais approprié, inventer formes à partir de prendre part au la production culturel.

• Les jeunes se guident souvent dans l'utilisation des TIC, mais ils ont aussi besoin d'être guidéscomment appliquer ces compétences dans les processus démocratiques . Les médiapour la participation ils peuvent être une outil puissant pour encourager pour la les jeunes pours'engager, avec leur propre voix, sur les questions qui les concernent. Tirez-les de l'expressionSion privé pour la Publique pouvez les aider à pour changer en la expression de soi au les autres formes à partir de participation. La voix publique s'apprend et c'est une question d'engagement conscient envers une Publique actif, plus Quel une Facile la diffusion à partir de des postes pour une public passif.

40

- le voix à partir de la personnes réuni et au dialogue avec la voix à partir de les autres est la base gaine-l'esprit de l'opinion publique. Lorsqu'il a le pouvoir et la liberté d'influencer décisions publiques et se développe à partir d'un débat ouvert, rationnel et critique entre pairs, peut être une instrument essentiel pour la gouvernance.

- le actes à partir de la communication elles sont fondamental au la durée de vie politique et civique à partir de une à partir de-la démocratie. Montrant pour la étudiants excuse moi utiliser la TIC pour rapport à la Publique, donner le soutien à des causes, l'organisation d'actions autour de certains enjeux, les moyens de participation citation ils peuvent insérez-les au leur première expériences positif à partir de citoyenneté.

- le production au la médias est différent à partir de la production à partir de, par Exemple, des biens économie-singes, car avoir la capacité à partir de persuader, inspirer, éduquer, guider la pensait et croyances. La puissance technique des réseaux de communication est importante car elle multiplie la capacités Humain et social préexistant à partir de former les associations Quel rendre possible Actions collectif. le réseaux électronique Autoriser apprendre, se disputer, délibérer, s'organiser pour Balance beaucoup plus grand et pour rythmes pour la avant de non a été possible. le culture participatifil devrait se concentrer sur l'expression et l'implication dans la communauté. Ces nouveaux compétences Quel je sais associer pour la sphère Social à partir de collaboration et participation devoir hocher la tête- ivraie au la l'alphabétisation traditionnel, la compétences techniques et à partir de pensait critique.

de la société dans son ensemble et fournirait aux étudiants et aux communautés une cuve-Seigneur ajouté à leur propre éducation, formation et développement.

le enseignement et la les technologies
Pouvez dire Quel, au façonner parallèle pour la la diffusion à partir de la médias à partir de la communication et la nouvelles technologies dans le monde du travail et des loisirs, systèmes éducatifs ils ont essayé, avec plus haute ou moins Succès, les inclure au la les pratiques à partir de enseignement. Au li-approche général, je sais Ha rencontre à partir de une vision centré au la possibilités la moyen, moyen, pour motiver pour les étudiants et faciliter la compréhension de le contenu curricula ire.

Nonobstant ce qui précède, on constate que l'incorporation des nouvelles

41

technologies dans le l'éducation génère, avec une certaine fréquence, des « cycles d'échec ». [27] Lorsqu'une technologie est développé et jeté à la marché, surgir divers intérêts et les facteurs Quel tendre pourappliquez-le pour la Solution à partir de problèmes éducatif. À partir de est façonner, je sais produire attentes Quel non je sais ils se conforment. Ça grandit la la perception à partir de Quel la utiliser est inadéquat et improductifvœu, produisant l'effet paradoxal de renforcer les vieux moules éducatifs qui destiné transformer. Ce je sais expliquerait, Entrez les autres les facteurs, par la croyance à partir de Quel l'incorporation des nouvelles technologies *en soi garantit* le changement éducatif et justifie. Est ce Quel je sais dénomme *se concentrer technocentrique.* OU, par la contraire, la tendance *assimiler* les nouvelles technologies aux pratiques éducatives existantes et les utiliser pourfais ce Quel correspond à la philosophie et les pratiques pédagogique régnant

le inclusion à partir de Nouveau les technologies atteindrait résultat une innovation Oui étaient accompagné à partir de changements conceptuel au la conception à partir de le sien utiliser et à partir de la réflexion au par Quel et pour QuelUtilise les, lequel Elles sont la contributions et Quel taper à partir de apprentissage je sais pouvez promouvoir avec elles ou ils.

Il est important de s'arrêter un instant à ce point pour souligner la nécessité de prendre en compte la *dimension humaine* lorsqu'il s'agit de favoriser les transformations de cenature. Lors de l'adoption des TIC, non seulement les considérations des opportunités d'apprentissage, mais aussi *des problèmes de personnes* impliqué à processus et cadres institutionnels dans lequel il est produit.

Les manières de penser et les manières de faire, de réaliser le travail, sont associées, entre autres, aux technologies utilisées (livres, craie et tableau noir, etc.), et sont profondément enracinée dans les personnes – enseignants, administrateurs et étudiants – et dans la cultures institutionnelles. Cela fait partie de ce qu'on appelle *la connaissance tacite, connaissances pratiques, théories implicites* ou *schémas d'action pratiques* . N'importe qui à partir de sont dénominations, fabrication accent au Quelque aspects plus Quel au les autres, pointspour Explique Quel je sais traite à partir de une connaissances Quel seule pouvez être formalisé partiellement,qui s'est accumulé au fil du temps grâce aux processus d'apprentissage des posséder entraine toi pédagogique, et Quel je sais

42

appliquer en vue de une variété à partir de situations béton et des réponses complexes et articulatoires irremplaçables. [28] Ce sont des théories implicites personnelles sur l'enseignement et l'apprentissage qui ont également été reconstruits sur la connaissance pédagogique élaborer et transmis au la formation. Sont théories ou régimes non-dit ont une force déterminante par rapport aux pratiques, en ce sens qu'elles permettent les réglementer et les contrôler, et ils ont aussi une certaine stabilité.

En bref, il s'agit d'un type de savoir expérientiel, représenté par des images ou régimes, à partir de personnage subjectif, personnel et situationnel et pour la temps soi même à partir de une collectif professionnel. Garder cela à l'esprit nous permet de comprendre qu'enseigner n'est pas simplement Appliquer une continuer et se conformer avec la objectifs à partir de Contenu, car en permanence Nous développons des tâches qui ne peuvent être régies par des manuels de procédures ou par planification. À envisager la connaissances tacite je sais Retour fondamental lorsque je sais promouvoir processus de changement.

Cette façon de comprendre ce qui façonne et soutient les principes d'action à son tour, nous permet de comprendre que l'incorporation d'une nouvelle technologie peut entraîner des transformations profondes des façons de faire ancrées et la révision à partir de Quelque hypothèses au la connaissances et la discipline, au la enseigner, la apprendre-droit et comment nous apprenons à enseigner.

De même, il faut considérer qu'en intégrant les TIC et en modifiant la proposition de l'enseignement modifie aussi, d'une part, le type d'apprentissage et de performance qui nous attendons à partir de la jeunes, ce est, le sien *état à partir de élève*. ET, par autre, je sais la embarquer dans d'autres usages de la technologie auxquels, peut-être, ils ne sont pas habitués (ou, directement esprit, non ils ont Teint accéder). le enquêteur au éducation Gary Fenstermacher (1989 :155) dit que « la *tâche centrale de l'enseignement est de permettre à l'élève de réaliser corvées la apprendre* » [29] – à la dénomme "étudiant " - et donner Support pour la action à partir de deétude. Est dire, la Professeur devrait instruire pour la les jeunes sur à partir de la procédures et les exigences de son rôle d'élève qui, en plus d'accomplir les tâches d'apprentissage, "Il comprend traiter avec enseignants, se débrouiller avec la posséder compagnons, face à face front pour la les pères la situation à partir de être élève et ainsi que contrôler la aspects non universitaires de la vie scolaire. »

43

Nous comprenons que, par les activités qu'ils ont menées, les évaluationsQuel leur ils ont été présenté, la modes à partir de la enseignants pour la Quel ils ont Teint Quel adapter-et les routines de l'institution, ont également développé une *connaissance tacite,* quelques façons d' *être étudiant* et, bien sûr, une série de stratégies et "trucs" pour jouer la jouer à partir de la relation amoureuse pédagogique Puis, à la être modifié la corvées à partir de J'ai appris-zone, la routines, etc., ils auront Quel rejoindre à la changement et avance vers Nouveau modesà partir de "étude" et vers la incorporation à partir de la TIC Quoi Support physique pour la cognitionet les moyens d'apprendre à exercer la citoyenneté. Autrement dit, même s'ils ont des contacts déscolarisés avec les nouvelles technologies, ils devront apprendre à apprendre avec les utiliser, les utiliser dans d'autres contextes et à d'autres fins, et relever le défi de sortir des sentiers battus. Modes Nouveau.

C'est un autre des sens dans lesquels nous disons que le rapport à la technologie doit être construit le.

le les jeunes et la Nouveau les technologies
Un autre aspect que nous voulons soulever pour cette construction est dérivé de ce qui précède récemment et du constat sur l'approche et l'usage des TIC fait par les les jeunes Quel avoir accéder pour elles ou ils. Au première lieu, la les jeunes ils apprennent pour Utilise lesdans la vie de tous les jours, par essais et erreurs, du jeu, de manière informelle, implicite, intuitif, visuel, se demandant et fournir Entrez Oui instructions Facile,

Astuces et recommandations, à des fins spécifiques d'information, de divertissement et de la communication. Contrairement à de nombreux adultes, ils comprennent rapidement la *langue de boutons* et naviguez avec aisance dans la complexité des réseaux informatiques. Il semble que, comme le disent Jesus Martín Barber et German Rey (1999), ils soient doués d'une « plasticité neuronale » et d'une « élasticité culturelle ».

Deuxièmement, on peut affirmer qu'il s'agit de pratiques qui tendent à se généraliser eux pour être un symbole d'appartenance à certains groupes. [30] C'est-à-dire, au-delà de la facilitéqu'ils trouvent dans la gestion de ces technologies, il y a une sorte d'encouragement à les utiliser pour être une source de différenciation sociale.

Enfin, des ^{recherches récentes} indiquent que les jeunes, dans leur cadre de possibilités, ils utilisent une large spectre à partir de médias et appareils électroménagers. Celles-ci je sais distinguer Entrez« média de premier plan » et « média de fond ». Les premiers sont au centre de l'attention, tandis que Quel la secondes se réconcilier une environnement agréable au la Quel travailler et Amusant-vomir De plus, ils en utilisent fréquemment deux ou plus en même temps. Cette capacité estdénomme *multitâche*.
le apprentissage au tourniquet pour la possibilités à partir de la les technologies
Une dernière perspective, dans laquelle nous proposerons de réfléchir sur la construction à partir de la relation amoureuse avec la TIC, points pour pensez à eux au la Cadre à partir de la culture et la société. EstEn d'autres termes, les technologies sont développées dans des contextes autres que l'école et nous nous y rapportons également dans d'autres domaines.

Un processus vérifié à maintes reprises dans l'histoire des médias indique que, lorsqueque l'histoire commence, les gens établissent un lien avec le nouveau média qui est résoudre principalement au la Contact, bondir pour la fascination Quel produit environ.-juments pour la nouveauté technologique. Au une seconde étape, ils commencent pour articuler une consommation discriminés par le contenu et les domaines thématiques. Ce n'est que dans un troisième moment que le médium est en mesure d'assumer des variations dans l'expression du contenu etlaisser place à la différenciation dans les manières de compter, dans l'esthétique utilisée, etc. a fait Quel je sais va développement celles étapes, apparaître la différenciations au la faire appelà la destinataire et dans la segmentation des profils de destinataires.

est est la sens au la Quel la relation amoureuse je sais construire: réfléchissons, par Exemple, au la son à-estuaire la films et la télévision. le expérimentation et la apprentissage au tourniquet pour leur codes etpossibilités expressif, par partie à partir de producteurs et cinéastes.ET pour la temps, la répondredu public et son *apprentissage progressif à les voir* et à se familiariser avec eux. Les premiers films mégots je sais ils semblaient à la théâtre, la première programmes à partir de télévision ils étaient Quel la radio, etc.Au est ligne à partir de raisonnement est logique penser Quel la applications initiales à partir de la TIC tourner auautour de formes pédagogiques plus connues.

De toute évidence, penser le nouveau est possible à partir de l'héritage du passé etquestion la paradigme existant. Est une chance pour produire propositions pour larenouvellement la commande s'est installé. Mais avec la des idées Nouveau ou renouvelé ainsi que réforme- peupliers notre réalité Cadeau et avenir, car non seulement nous savons plus, Par ailleurs car je sais ont ouvert des portes pour les autres territoires non des connaissances. Ce est une défi, une pari et une chance, car pouvez boisson la tension Quel je sais façonner Entrez la certitude et la incertitude plus stupide Quel une authentique carburant pour penser, fais la science ou créer. [32]

La leçon que nous pouvons tirer des cinéastes, producteurs, réalisateurs du les médias et les TIC, c'est qu'ils s'impliquent dans la technologie, expérimentent, ils cherchent, ils étudient, ils voient ce que font les autres, ils essaient d'innover, dans un et retour avec les publics, les publics et les usagers. Les formes expressives au cinéma et les télévision, alors Quel toutes les personnes la développements avec TIC non surgir à partir de une temps et pour toujours:je sais va renouveler, bâtiment. Nous pensons, alors, Quel la incorporation à partir de les technologiesde l'information et de la communication à l'enseignement peut être perçue comme un opportunité de changement significatif et non comme une réponse à la pression sociale mise à jour technologique.

Bref, comprendre la dimension sociale, culturelle et historique des changements qui arriver au la formes à partir de disque et transmission à partir de la connaissances construit socialementthé nous Il permet comprendre par Quel la les technologies à partir de la information et la la communicationne sont pas compris comme *un outil de plus* mais comme un changement social profond et de construction au la formes à partir de conceptualiser et concevoir la monde Quel nous entoure; et par cetellement, au la formes à partir de accéder, apprendre et connaître la environ. Ayant au facture estvoir, nous aurons éléments Nouveau pour repenser notre hypothèses pédagogique et

Les décisions sur quoi, pourquoi, pourquoi et comment, qui guident l'inclusion des TIC dans leenseignement. Réfléchir à ce cadre social et culturel nous donne

46

aussi la chance définir une utilisation avec sens et quoi ajouter de la valeur à les propositions.

Seconde clé: le le volume à partir de la information
l'Internet est une rapporter monde à partir de des ordinateurs interconnecté Quel partager informationet ressources. Dans l'usage courant, les termes *Internet* et *World Wide Web* (de l'anglais, "toile d'araignée à partir de largeur monde"), connu ainsi que Quoi la la toile ou la Rapporter, avec majuscules, je sais employer indistinctement. Sans embargo, avec la finir à partir de pouvez prendre avantage de la potentiel éducatif Quel sont les technologies offrir, devoir à savoir Quel non Elles sont ce même. le Rapporter est une système à partir de information beaucoup plus récent Quel emploie l'Internet Quel moyen, moyen à partir de transmission.

Que nous sachions ou non comment fonctionne Internet, l'une des idées qui circulent est que c'est comme une grande bibliothèque, où nous pouvons trouver presque n'importe quoi. Il y a une perception disponibilité illimitée d'informations, de voix, de points de vue, de ressources, etc., ce qui peut être écrasant. A tel point que ce phénomène est évoqué dans letextes spécialisés tels que *l'hyper information* , la *surabondance d'information* , *les données smog* , *avalanche* , *inondation,* etc. [33] Il convient de noter qu'il existe une différence substantielle Entrez *information* et *connaissance* : est mensonges au la exercer cognitif à partir de la sujets. Estbeaucoup la information pour la Quel pouvez accéder, mais autre chose est la connaissances les inconvénients-vrai au base pour son, bien est implique processus particulier pour le sien appropriation ettransfert, et je sais élaborer au base pour une rapporter à partir de Connexions significatif pour une matière, dans une situation précise et dans un contexte de pratique précis. [3. 4]

Quoi nous mentionnons au la clé précédent, baser au la la revue pour la schématique transmettre-Sion à partir de connaissances compris seule Quoi information (Les données, définitions, etc.) Quel les étudiants ils devraient acquérir (mémoriser), De nombreux auteurs et enseignants mettre la accent au la croissance à partir de compétences complexe, Quoi développer au la étudiants la esprit critique et compétences pour la conduite à partir de la information, déjà Quel pour stocker information est-ce ainsi la Machines, Quel ce fais mieux. Sans embargo, est enthousiasme par diviser la corvées Entrezêtres humains et Machines nous pouvons fais oublier Quel nous avons besoin mémoriser, rappelles toi,pour assembler une base à partir de information et connaissances à partir de commande plus haute Quel nous permettraplus tard, Entrez les autres truc, configurer notre Critères pour évaluer la Les données Quel allons trouver au L'Internet. le pensait non je sais donne au la vide, Par ailleurs Quel est conduit et prise en charge par laconnaissances acquis, tellement au la façonner à partir de actes spécifique Quel au la début à partir de organisation et raisonnement. Quoi ça dit Emilie Tente Fan fan (2005 : 115-116):

Sans doute, cet accent mis sur le développement de facultés complexes, lorsque il à partir de la main à partir de une dépréciation à partir de la idée à partir de éducation Quelappropriation (et non Quel mémorisation) à partir de connaissances et Capitale culturel,au général, pouvez avoir conséquences négatif. Au effet, la préférence ancien-collusoire par la la créativité et la capacités critiques pouvez rester au bienintentions lorsque je sais autonomies et je sais s'oppose pour la idée à partir de éducation Quel appropriation à partir de la des fruits à partir de la culture et à partir de la civilisation [...] le la créativité etla conscience la revue constituer notions vide Oui non va accompagné parune fort accent au la domaine à partir de celles outils à partir de pensait et à partir deaction Quel la Pour des hommes ils ont développé, crypté et accumulé pour ce longueurà partir de le sien l'histoire. Au quelconque changement à partir de la exercer Humain, tellement scientifique-techniques qu'esthétiques ou sportives, sont plus susceptibles d'inventer etcréer la Quel je sais ils ont approprié à partir de celles éléments culturel précédemmentdéveloppé [...] le à savoir accumulé avoir ce vertu: non seule est connaissancesterminé, Par ailleurs ainsi que méthode, stratégie, instrument, Ressource pour critiquer etsurmonter ce dé. Ce est une caractéristique à partir de la culture contemporain. Aules autres mots, lorsque je sais traite à partir de connaissances et compétences complexe, la reproduire-diction est intimement bondir pour le sien posséder production renouvelé. le culture complexe je sais conserves et transformer au une même mouvement".

Ce que nous suggérons, c'est que l'enseignement de ces compétences se fasse ensemble avec la connaissance du premier ordre et ceux de ordre supérieur.

Compétences pour la conduite à partir de la information
A) Oui Quel nous avons besoin comprendre à partir de quelque mode excuse moi la bibliothécaires commande et dégustation- Logan la livres (et toutes les personnes la

48

matériaux Quel pouvez trouver au la bibliothèques) pour donner _ avec ce Quel pouvez servez-nous, pour trouver information au l'Internet devoir apprendre-droit pour utiliser la outils à partir de chercher et comprendre le sien logique. UNE à partir de sont outils, la plus utilisé, elles sont la *moteurs à partir de chercher.* Fondamentalement, nous sommes entrés la mots cléet Quel résultat est probable Quel allons-y des centaines à partir de Milliers à partir de les références, bien que non tous la est-ce ainsi au L'Internet. Nous nous trouvons son front pour deux problèmes. Par une côté, la des sites invisible pour la moteurs à partir de chercher (Regardez la boîte *l'Internet invisible)* et, par un autre, le problème de la pertinence. L'information apparaît désordonnée et fragmentée. Non exister des règles structurant. le moteurs de recherche Autoriser trouver la information, mais non la organiser. Ce pouvez porter à la perplexité. Par ce, de nombreux fois, la abondance à partir de information non je sais Traduire nécessairement au une augmenter la connaissances.

L'objectif est alors de distinguer ce qui est utile, ce qui est crédible, ce qui est intéressant, ce qui est important, voire Quel pour fois je sais avoir la sensation à partir de déchets beaucoup la météo au Chèque futilitésou information un petit peu serait. Nicolas bulles et Thomas Calliste (2201 : 62-72) ils parlentà partir de *hyper lecture* Quoi la capacité à partir de "trouver et à partir de lire au façonner sélectif, évaluer etquestionner ce qui est trouvé, c'est-à-dire établir leurs propres liens entre les blessures, lieu au doute la liens Quel les autres apporter, merveille par la des silencesou les absences ». Ainsi, les auteurs soulignent :

"Le capacité la revue pour lire la information au façonner sélectif, l'évalueret sa remise en question est un des enjeux éducatifs fondamentaux qui a couru les nouvelles technologies".

Plus précisément, quelles compétences impliquent la recherche et la recherche des informations nécessaires ?Ta ? Victoire d'Edith Lit (2004), un spécialiste en technologie éducative, suggère :

Identifiez la nature des informations.

Élaborer la termes pour effectuer la recherches (et pour prolongez-les : une à partir de lacaractéristiques d'Internet est qu'un chose en amène une autre).

49

Mettre en œuvre stratégies à partir de rechercher (retour pour moteurs de recherche, pages à partir de liens, etc.).

Mettre en place Critères pour pour sélectionner la Matériel au une fonction à partir de la fins et laconditions de la tâche.

Évaluer au quelle taille ce type à partir de les informations sont utiles à la fins du devoirs.

Valider la Matériel choisi au relation amoureuse avec la le contexte à partir de production et au relais-étain avec le connaissances et les méthodes de les disciplines impliqué.

Effectuer validations tous temps plus ajusté (sélection brut et bien).

Décidez de poursuivre ou non la recherche.

Ces actions qui impliquent de chercher et de trouver peuvent être faites par l'enseignant pour voir- conférence la Matériel didactique pour leur étudiants. est sera capable être offert à partir de modes plusou moins formellement structurées : *lâches,* à la *chasse au trésor,* comme *des enquêtes* ou *quête web.* Un fait fondamental à retenir est que, compte tenu de la facilité de manipulation des informationsle mouvement numérique, notamment par le biais de ressources de *copier - coller,* est essentiel produire des slogans qui assurent un travail d'élaboration sur les informations.

La recherche et la sélection peuvent s'effectuer au fur et à mesure de la même manière. étudiants, sous la direction de l'enseignant, jusqu'à ce qu'ils atteignent les plus hauts degrés d'autonomie et éventuelle autorégulation. Par exemple, à travers la méthode d'apprentissage par projection la toux. Quoi de plus, est important Quel la étudiants comprendre par Quel est nécessaire évaluer la information a trouvé. POUR partir à partir de là, ne pas seulement leur apprendre pour travailler avec informationprovenir de différent sources, Par ailleurs ainsi que, les guider pour planifier excuse moi communiqueret partager les résultats et, fondamentalement, agir dans l'éthique et la responsabilité. Fiabilité dans l'utilisation des informations.

Enfin, il faut rappeler que bien que le développement de ces compétences soit

50

essentiel, liens, les enseigner dans un cadre d'activités qui fait sens, c'est-à-dire significatif et pertinent.

Quelque Critères pour évaluer la information

Nécessairement nous aurons Quel investir la météo au rang, pour sélectionner et discriminer.ET, enseigne aussi comment il fait.

L'évaluation des matériaux disponibles sur le Réseau nécessite parfois d'avoir Beaucoup de connaissance de la région. Cependant, lorsque vous n'avez pas cette connaissance, estimation La crédibilité consiste à se poser quelques questions :

Qui : quelles sont les sources d'information ? Le nom de l'organisation apparaît-il ? Organisation qui publie et celle du responsable ? Fournissent-ils une adresse de contact ? De nombreux fois nous avons trouvé ça informations dans "À propos nous » ou « Qui sommes-nous ».

Quand : désigne la validité et la mise à jour des informations publié.

Pourquoi : quels sont les objectifs explicites de l'organisation ? Cette information il apparaît généralement dans « Notre mission » ou dans « Institutionnel ».

Pourquoi l'information a-t-elle été publiée : pour vendre ? Informer avec des faits etLes données? Pour partager, mettre disponible des idées, des connaissances ? Parodier ?

Comment : fait référence, d'une part, à la qualité et à l'exactitude du contenu (sont les sources ?, les liens sont-ils fournis ?, etc.). D'autre part, le graphisme et l'an-légumes

À qui ce conseillé et excuse moi nous sommes arrivés pour est placer: la liens à partir de et vers une Ressource elles impliquent un transfert réciproque de crédibilité. Lorsqu'une personne fournit un *lien* vers un autre ou le mentionne, nous supposons que cela fonctionne comme une recommandation. Bur-ampoules et Callister (2001 : 66) déclarent :

« La chaîne de liens qu'est Internet est un énorme réseau de relations de crédibilité : ceux qui établissent des liens actifs d'informations dignes de confiance et dont les informations ou opinions sont à la fois identifiées et

51

reconnues Cités par d'autres, ils gagnent en crédibilité à la fois comme utilisateurs et comme fournisseurs d'informations. Nous appelons ce réseau *un système de crédit.Capacité distribué »* .

est Cela représente une à partir de la méthodes plus efficace et de plus en plus plus utilisé pourla recherche d'informations. Ce qui est intéressant dans tout cela, ce n'est pas seulement la possibilité deprès identifié quelque des sites Quel nous indiquer la route vers la Ressources Quel nous ils peuventrésultat outils, Par ailleurs ainsi que proposer pour la étudiants la défi à partir de être fournisseurs d'informations ou créateurs de contenus et générateurs de réseaux d'échanges. Est En d'autres termes, nous avons ici des opportunités de vous proposer une *véritable tâche* à partir de laquelle apprendre, et une manière concrète de *devenir visible* et de faire les premières expériences de participation à la vie publique.

Prendre à partir de les décisions au la accéder pour la information
Jusqu'à ce que la apparence à partir de la médias à partir de la communication et la TIC au la éducation, la questionpar la fiabilité à partir de une la source non a été soulevé Quel une besoin. le Contenu etla façonner au Quel est a été soumis au la livre à partir de texte ils se sont reposés, fondamentalement,sur la crédibilité de l'éditeur. Il n'a pas été habituel dans les salles de classe de s'exercer à poser des questions questionnent les intentions des auteurs ou le traitement qu'ils ont fait des différents thèmes.Manuel Région Moreira (2002b), spécialiste au Nouveau technologiques et éducation, Il dit:

"Le livre à partir de texte est la principal Matériel Quel a la la faculté oùle contenu est fourni et les prescriptions sont opérationnalisées sur le plan pratique. toons d'un programme d'études spécifique. Comme le suggère Gédéon, le les textes scolaires sont les ressources du traducteur et les médiateurs entre les pro- mise en œuvre officielle du programme et de la pratique en classe. Dans le texte est la méthodologie qui permet le développement des objectifs, sont une fois les contenus sélectionnés et séquencés, un groupe deactivités sur eux, la stratégie pédagogique est implicite.acné ce que l'enseignant doit suivre.

Mais, d'un autre côté, avec le plus grand volume d'informations dont nous disposons, plus nombre de sources. La particularité est qu'ils sont dispersés, ils apparaissent dans différents tous les formats, styles et designs ; servent à diverses fins et n'ont pas toujours été créé spécifiquement à des fins éducatives.

52

Avec la incorporation à partir de la information et la Ressources à partir de la TIC je sais Fabriquer nécessaire campagnol-nous demander, par rapport à cette question, quelles ressources nous utiliserons, comment nous les combinerons, si nous voulons fournir toutes les informations que nous considérons importantes. Important ou nous allons encourager chez les élèves la pratique de la recherche et de la réflexion. Nous considérons que ces alternatives ils ne sont pas exclusifs.

la toile 2.0

Nous entrons dans une nouvelle étape d'Internet, qui a reçu un nom : Web 2.0. C'est le terme utilisé pour désigner une nouvelle génération d'applications. Dessins animés et systèmes à partir de la la toile Quel Autoriser d'installation rapports à partir de plusieurs à plusieurs ou communautés. le la toile 2.0 Cela représente une changement à partir de conception à partir de la Rapporter.POUR différer-du précédent, avec des sites statiques, rarement mis à jour et sans interaction avec la Nom d'utilisateur, la la toile 2.0 est une Plate-forme collaboratif où je sais créer Contenu dynamiquement, c'est-à-dire qu'ils sont produits sur le réseau et peuvent être édités sur place. Ce est possible Merci pour outils Quel exiger très quelque connaissances techniqueCos. Par Exemple, à partir de la encyclopédies *en ligne* nous avons passé à la concept à partir de la Wikipédia, auoù n'importe qui peut participer au développement des thèmes; des chantiers personnel aux weblogs, beaucoup plus facile à publier et à mettre à jour ; des répertoires d'organiser les contenus, à ceux du *tagging* ou de l'étiquetage social, dans lesquels la catégorisation orteil à partir de ce publié est terminé par la eux-mêmes utilisateurs. À partir de est mode, la la toilearrive pour être une Plate-forme avant de Quel une moyen, moyen ou canal à partir de la communication.

La proposition des créateurs et développeurs du Web 2.0 est d'améliorer en permanence en pleine conscience cette nouvelle architecture de participation où l'on lit, écoute ou regarde, cela se fait en partageant, en socialisant, en collaborant et surtout en créant. Ici le innovation se pose à partir de caractéristiques distribué par développeurs indépendant etle changement est définitif. La conception est que "le Web 2.0 n'est pas exactement untechnologie, mais l'attitude avec laquelle nous devons travailler pour nous développer sur Internet. le seulement constant devrait être la changement, et au L'Internet, la changement devrait à partir de être Cadeau plus fréquemment".

53

Quelque Applications et systèmes à partir de la la toile 2.0

Podcast : fichier audio distribué via un fichier RSS. Dans le projet collaboratif podcast.org (au Espagnol : http://www.podcast-es.org/) je sais condenser tout ce concernant cette ressource : une liste exhaustive de podcasts, des informations sur la manière de fais les, programmes.

Toi Tube.com : magasins vidéos et il permet, en utilisant la code HTML, le sien republication. est sans danger code permis pour des millions à partir de bloguer et éditions électronique, insérer vidéos stockée au youtube.com au leur posséder éditions. Le republié acquiert gratuitement et simplement la capacité de transformer automatiquement le sien publication au multimédia et interactif. Pour la distributeur original (par Exemple Toi Tube.com), la republication ça veut dire augmenter significativement le sien surface à partir de Contact avec utilisateurs potentiels au lui _

Compétences de base: apprendre pour rechercher information, pour apprendreet pour prendre part
Selon Sans voiture Monroe (2005), la compétences pour rechercher information et apprendrepour apprendre je sais référer à la ensemble à partir de stratégies Quel Autoriser apprendre pour partir à partir de leur

Ressources propres. Celles-ci visent à former un apprenti :

Permanent, capable à partir de apprendre pour ce longueur à partir de tous le sien durée de vie et à partir de adapter pour la changements;

Autonome qui utilise ses ressources de manière autonome. c'est-à-dire quelqu'un capable d'intérioriser les lignes directrices, les recommandations et les guides d'autres plus experts et qui d'une manière ou d'une autre façon dont ils l'accompagnent;

Stratégique, Quel disposer à partir de Ressources et à partir de connaissances au une fonction la cible par- Suivant, et prendre des décisions contextuelles Apprentissage;

Quoi *s'autoréguler* (superviser, surveiller) le sien traiter à partir de apprentissage, prendre les décisionsconcernant quoi, comment, quand et où apprendre à chaque instant ;

Quoi apprendre à partir de situations à partir de enseignement non formel (musées, programmes à partir de télévisionfils, journaux, etc.).

Le développement des compétences civiques, quant à lui, concentre son intérêt sur laainsi que des connaissances, des compétences et des dispositions pour contribuer à la coexistence, participer démocratiquement à la vie publique et valoriser le pluralisme dans la poursuite la bien commun. le l'intégration à partir de la TIC des offres Opportunités et outils puissant-sass pour former des citoyens :

Informé et avec un regard critique, basé sur la réflexion et le argumentation;

Avec une attitude ouvrir à la dialoguer et respectueux à partir de la la diversité;

Quoi participer au façonner actif et responsable au la durée de vie Publique?

leLes TIC comme objet d'étude ? Développer la capacité critique
Nous avons différencié *l'information* de *la connaissance* et présenté quelques critères pour évaluer les informations. Comme on l'a vu, ce sont deux actions importantes puisqu'il a été mensonge pour assimiler la deux notions et ainsi que je sais Ha surfait la disponibilité parau-dessus de la qualité de l'information. Malgré toutes les précautions possibles au la évaluation à partir de la fiabilité à partir de la information, encore nous courrons la risque à partir de avoir-voir Internet comme une source d'information neutre ou simplement comme une aide ou une ressource pédagogique. Est important pose questions sur à partir de la intérêts à partir de la auteurs et à partir dela formes à partir de représentation la monde Quel ce information diffuser. Est dire, Quel le sien- suggère David Buckingham (2005) –chercheur et spécialiste en éducation aux médias–,la TIC devoir être incorporé Quel objet à partir de étude à la côté à partir de les autres médias Quel lafilms, télévision et radio.

L'un des objectifs de l'éducation vise le développement de la capacité critique. Mais de qu'entend-on lorsque le terme "critique" est utilisé ? Ce qui différencie une approche critique d'un non critique? Qui définit ce qui n'est pas critique ?

Buckingham affirme que l'approche dominante de l'éducation aux médias est associée"critique" pour démystifier , *démythifier,* rendre l'idéologie visible et alerte au la limites à partir de la les textes médias. Ce position est imaginé au termespurement négatifs déjà Quel le sien cible est marque la carences à partir de la médias (Mûre-leur, idéologique, esthétique), et Il semble impliquer supposer à partir de à l'heure actuelle quelque taper à partir de la censure.

Quoi de plus, au la entraine toi je sais produit pour souvent une situation au la Quel seulement je sais prêterattention pour *une* la lecture vraiment la revue, Quel avec curiosité tend pour être ou coïncideravec la lecture du professeur. Lorsque les élèves comprennent que c'est l'orientation orteil Quel prise la travail au médias et TIC, déduire Quel accuser la limites à partir de lamédias est la répondre Quel je sais attendre à partir de elles ou ils. Buckingham détient Quel déjà pour partir à partir de laà dix ans, les enfants ont tendance à être très doués pour identifier ces *lacunes* dans les programmes éducatifs. le télévision et Quel je sais Afficher critiques à la le respect. En dessous de est se concentrer et dadaïste la faciliteravec laquelle les élèves saisissent que c'est ce qu'il faut faire, peut conduire à dans une situation où l'enseignant s'efforce d'enseigner aux élèves des choses qui elles ou ils croyez Quel déjà ils savent. Par est raison, Buckingham détient Quel je sais ils ont besoin formesdes analyses qui ne dépendent pas de la réalisation de lectures « correctes ». [35] Pour cela, le le développement des compétences de pensée critique est soutenu lorsqu'il y a de la place pour ce qui est personnel, à la partager interprétations, réponses et sentiments subjectif; pour décris expériences quotidiennes avec les médias et y réfléchir. Il s'agit de promouvoir une vision plus analytique et réflexive, en essayant de la situer dans une compréhension plus spacieux. De même, il est nécessaire de structurer le temps et l'énergie investis dans laenseigner la pensée critique. C'est-à-dire adopter un rythme de travail qui permette l'élève développe sa réflexion, alloue du temps à la réflexion, au questionnementà l'expérimentation de solutions alternatives en résolution de problèmes, à la évaluation des emplois, etc. Il est également très important d'enseigner le transfert de compétences de la pensée critique à d'autres situations et à d'autres contextes.

L'enseignement de la pensée critique ne consiste pas seulement à analyser la construction de la logique de l'argument, mais aussi la façon dont le sens est construit par à partir de la combinaison à partir de la images et la les textes, la la perception à partir de *ce Quel je sais peut être*

Dire à partir de la lecture des gestes, des conjectures sur *les non-dits,* etc. autre-Quelque chose à garder à l'esprit est ce que Roger Cartier (2000) souligne :

"Le livres électronique organiser à partir de façon Nouveau la relation amoureuse Entrez la allons-dessin animé et la actes, la organisation et la argumentation, et la Critères à partir de lapreuve. Écrire ou lire au est Nouveau espèce à partir de livre supposé rompre à partir dela attitudes habituel et transformer la techniques à partir de accréditation la discours sage, je je veux dire pour la rendez-vous, la Remarque à la le pied à partir de page [...] Tous une à partir de sont formesà partir de expérimenter la validité à partir de une Analyse je sais trouver profondément modifiéà partir de Quel la Auteur pouvez développer le sien argumentation selon une logique Quel nonest nécessairement linéaire ou déductif, Par ailleurs ouvrir et relationnel, où la lecteur peut Consulter par il même la documents (enregistrements, images, mots, la musique) Quel Elles sont la objets ou la instruments à partir de la recherche. Au estsens, la révolution à partir de la modalités à partir de production et à partir de transmission à partir de les textes est ainsi que une mutation épistémologique fondamental".

Jusqu'à ce que ici on a pris en considération différent éléments pour approcher la enseignement la pensaitcritique dans l'analyse critique et la critique comme genre littéraire. Maintenant Burbles' etCalliste (2001 : 62) je sais ils demandent Quel taper à partir de accéder pour la TIC d'accord la douleur avoir, et Ils répondent:

« Il est nécessaire de focaliser l'attention sur la capacité des utilisateurs à choisir, évaluer et analyser ce qu'ils y trouvent [sur Internet]. Un accès efficace supposé la capacité et la Volonté à partir de pour sélectionner et évaluer la immense chien-quantité de matériel disponible et aussi la possibilité d'être entendu et vu, contribuer avec un bon informations, idées et points de vue posséder".

Ce nous pourparlers à partir de complément la *Analyse* avec la *production* au la travail avec médias etTIC. Production Quel je sais renforce avec la faciliter à partir de poster Quel nous contribue la la toile 2.0 etla possibilité à partir de gagner présence au l'Internet être une le fournisseur crédible à partir de information. Lorsque je sais donne pour la étudiants Opportunités pour produire, la plus à partir de la fois donner facture à partir de compréhensions sophistiqué. Combien mieux connu créer Contenu (romans-photos, blog, vidéo, etc.), mieux sera capable évaluer la

57

Ressources à partir de les autres et apprécier la bons conceptions et la Applications imaginatif; sera capable distinguer éléments superficiel à partir de la important pour se forger une opinion indépendante sur la valeur et la qualité de l'information, etc. Ade-plus, elles ou ils eux-mêmes apercevoir une évaluer agrégat au la apprentissage lorsque effectuer travaux pratique, interagir avec les autres et ils jouent avec la formes et conventions à partir de la médias et à partir deL'Internet. Par autre côté, Oui nous combinons ce, par Exemple, avec une travail au la information à partir de actualité 36, y compris différent formats et médias, nous serons contribuant pour développer-appel la compétences citoyens. Quoi indiquer bulles et Calliste (2001 : 70):

« Ce qui est en jeu ici, ce n'est pas seulement l'éducation. [...] doit aussiRegardez avec la Opportunités la main d'oeuvre, la acquisition à partir de Ressources culturel et de divertissement, d'interactions sociales et, de plus en plus, d'information et participation politique".

Avec tous les éléments développés jusqu'à présent dans ce matériel, il semble clair que lecroissance à partir de la compétences la pensait critique devrait attendez à partir de une mode plus

Général, et non restreindre pour la médias à partir de la communication ou TIC. le pensait critique est une attitude, une disposition Quel chercher *fissures accessible à pied* au la connaissances, problématiser,être au *état à partir de alerte.* Enseigner la compétences la pensait critique ça implique Quel la étudiants acquérir connaissances et, ainsi que, fais les comprendre Quel à partir de la approcher scientifique Elles sont provisoire, Quel supposer une inévitable découper et Quel au la portée à partir de lales sciences je sais produire rencontres et affrontements à partir de théories. De toute évidence, Quel enseignantsdevoir poignée est tension et la nécessaire progressivité à partir de la enseignement à partir de celles-ci les sujets etquestions. Non oublions Quel la capacité la revue ça implique non donner rien par séance et supposer la confusion, la doute, mais ainsi que la curiosité et la étonnement.

Troisième clé :
Les autres formes à partir de organiser la information,à partir de représenter et à partir de raconter. Ce audio-visuel, ce multimédiaet ce hypermédia

"Le rationalité je sais ligue pour toutes les personnes celles lofts, sous-sols et les tenants et aboutissants à partir de la esprit,jusqu'à ce que à présent négligent, où faire des cabrioles la émotions, la métaphores et la imaginer- nation » . Kieran Égan, *le imagination au la enseignement et la apprentissage.*

Les médias de masse ont joué et continuent de jouer un rôle de premier plan et élévation de la configuration des modes de vie, des valeurs, des modes, des coutumes, des attitudes et des avis. POUR par à partir de la médias je sais ils ont forgé niveaux à partir de aspiration, Des modèles à partir de idée-certification et à partir de participation au la sphère Publique, et une Nouveau campagne à partir de connaissances au tourniquetà la mode et actuel. La télévision, en particulier, nous offre de nombreux thèmesconverser dans la vie de tous les jours. À ce scénario s'ajoutent les TIC et la rapidité avec laquelleque les adolescents ont tendance à adopter de nouveaux appareils et services [37]. Comme je l'ai dit- mos dans la ligne "L'important, c'est la puce, Mabuchi", les écarts générationnels sont ouverts au la relation amoureuse avec la les technologies et je sais ils investissent la les rôles au la enseigner et la apprendre. Parautre côté, pour la classique intermédiation à partir de la livres et la enseignants au la accéder à la cône-fondation et la information, je sais somme la relation amoureuse direct Quel la élève pouvez avoir avecles sources, leur diversité et leurs formes multimédias et hypertextes. Tout cela ensembleaux transformations dont nous parlons dans les différents traits, c'est ce qui a contribuéfais pour former une "Nouveau climat cognitif et à partir de apprendre » [38], au la Quel je sais gâcher

Séquences et hiérarchies, et au la Quel la Adultes sentir avoir perdu la contrôler au laContenu pour la accéder enfants et jeunes. le côté à partir de la institution l'école, ce je saisTraduire au la diminuer à partir de le sien influence culturel et idéologique au la formation à partir de laenfance et la jeunesse; ce est, au les autres mots, la "perdu à partir de le sien hégémonie socialiser-doris ». [39] Selon la Professeur Tomász Tadeu donne Silva (1998 : dix), "la institution officiellementen charge à partir de la devoirs à partir de transmission culturel condenser la espacer à partir de la crise Quel je sais façonner au la affrontement à partir de ce vieux avec ce Nouveau". Selon la Auteur, la dimension culturel à partir de la crise à partir de

59

lal'école je sais Expliquer Quel la difficulté à partir de réorganiser environ à partir de une Modèle culturel différentla à partir de la la modernité Quel toi ça a donné origine et la structuré durant la siècle XX.

Nous avons déjà vu que si les TIC entraînent des changements significatifs dans ce désigne la production, le stockage et la circulation de l'information, les transferts formations substantielles de notre temps se produisent dans les formes de perception et dans les stratégies de pensée, de production et d'acquisition des connaissances d'une part, et, d'autre part, dans l'approche des problèmes contemporains à partir de nouveaux domaines de recherche, le brouillage des frontières disciplinaires, l'inséparabilité à partir de la la science et la éthique et à partir de changements au la conceptions, début et procédures à partir de de nombreux domaines scientifiques. Comprendre cela nous permet de mettre les différences en perspective. Entrez la les pratiques tous les jours environ à partir de la médias et la Nouveau les technologies et la parc-tics posséder à partir de la institution l'école. De nombreux fois, tellement au la Littérature spécialisécomme dans les perceptions des acteurs impliqués, les relations école-média communication ou école-TIC et enseignants-jeunes sont présentés comme des relations d'opposition position dans laquelle les différences sont polarisées. La dichotomie revient à associer les enseignants, la l'école et la culture écrit, fait face pour la jeunes, la médias, la TIC etculture audiovisuelle et numérique. Bien qu'il y ait généralement des tensions, l'approche de la complexité, et non la simplification, nous permet de reconnaître les dimensions et relocaliser l'intégration des TIC à l'école dans le cadre de la révolution épistémologique myologie contemporaine, du problème du changement. Forcément, l'arrivée du médias audio-visuel et la TIC ça implique *réorganiser* temps, les espaces, routines, contenu-deux, et les manières d'aborder la connaissance. Il s'agit de rassembler et de combiner pour *intégrer* les *anciennes* technologies (tableau noir, craie, livres, cahiers et stylos) aux *nouvelles* avec le finir à partir de Quel surgir une maquette mieux. POUR par à partir de la l'intégration à partir de médias et la variétédes langues vise à préparer les jeunes non seulement à comprendre et à interpréter images (en général), mais aussi pour construire des connaissances d'autres manières. Étaient Parlant à partir de diverse formes à partir de connu, apprendre et représenter, à partir de salles de classe mule- sensorielles et dynamiques qui permettent une plus grande interaction entre l'enseignant et le étudiants, et entre étudiants.

Un pas de plus à franchir dans le sens de la « réforme de la pensée », comme Mo- jante, c'est comprendre la complémentarité de la sensibilité et de la raison. Jérôme Bruner (1997 : 31), du point de vue psycho-culturel déclare : "ça ne fait aucun doute que les émotions et les sentiments sont représentés dans les processus de création sens et dans nos constructions de la réalité. L'ajout de médias l'audiovisuel et les TIC facilitent cette tâche car il s'agit de travailler sur d'autres logiques : affectif, la sensibilité, la corps. le image Quoi la source à partir de information, Quoi modesavoir, implique de valoriser les facettes de l'activité mentale telles que l'analogie, intuition, pensée globale, synthèse, tous les processus associés à l'hémisphère droit.droit. Est important mettre l'accent sur sont idées : Nous parlons à partir de *intégrer* Ressources, outils,hémisphères, raison et intuition, et non à partir de *remplacer* une logique par autre non plus Machines par

gens. Et de le faire avec souplesse, car « chaque esprit est différent des autres et est une la perspective différent sur la monde [...] Combien plus haute être la souplesse avecque nous concevons comment les choses pourraient être, plus riches, plus nouvelles et plus efficaces ce seront les sens que nous composerons ». Kieran Egan (1999 : 28-31 et 107), professeur à Education et auteur de ces lignes, dit que le développement de l'imagination est décisif pour le développement de la rationalité. Pour lui, « une conception de la rationalité qui ne voit l'imagination comme son « antenne » est stérile ». Nous l'avons déjà soulevé : la connaissance ce qui est dans notre mémoire est accessible à l'action de l'imagination ; nous ne pouvons que accumuler mondes possible, ce est concevoir excuse moi pouvait être la truc, à partir de ce Quel déjànous savons.

La logique de travailler avec les TIC invite également les étudiants à une démarche collective et caractérisée par une *finalité productive* : un « travail », qui implique des tâches qui doivent être enseignés formellement, tels que la conception d'idées, l'investigation de sujets, la planification des activités, la préparation de l'expérience, l'exercice construction collective du produit. On parle ici, d'une part, d'interaction dans un espace où les élèves s'entraident, chacun selon ses compétences, et où l'enseignant facilite et encourage les apprenants à « échafauder » les uns les autres aussi. Les œuvres collectives, selon Bruner (1997 : 41), ont la caractéristique de produire et d'entretenir des solidarités de groupe, car « elles créent dans le groupe des formes *partagé* et *négociable* à partir de penser". [40] Par autre, produire pièces ça implique "externaliser",et avec ce avoir "une *disque* à partir de notre efforts mental, une

61

disque Quel est 'a été-de nous » […] qui matérialise nos pensées et nos intentions d'une manière plus accessible aux efforts réflexifs » (Bruner, 1997 : 42). Les oeuvres sont les formes matériaux de pensée. Le simple fait de les produire implique un travail de mise en test, réflexion, évaluation, reformulation, recherche, échange et négociation, à partir de ouverture pour regards différent et, pour la temps, à partir de supposition à partir de une indique de vue. Certains les feront de manière plus consciente et engagée, d'autres non. Tellement. Par ce est important donne leur la chance à partir de refléter au la traiter, "pro-conduire métacognitions au la chantier de construction" et généraliser, pour partir à partir de la expérience, avec Tu regarde aux situations futures. C'est comme nous l'avons dit dans la clé précédente : il existe certains types de compréhension qui ne sont pleinement atteintes que par l'expérience de la production.

Transformations substantielles autour des savoirs et des disciplines ; ouverture à autre taper à partir de connaissances en relation avec la corps et la sensibilité; la chance à partir de pro- produire des œuvres ; Toutes ces questions sont essentielles à prendre en compte lorsque l'on travaille avec les TIC. Dans la classe.

Dans les sections suivantes, nous approfondirons certaines particularités des formes de organiser la information, à partir de représenter et à partir de raconter Quel présenter la modes audio-visuel- eux, multimédia et hypertexte. De plus, nous mettrons en évidence certaines des possibilités à partir de apprentissage Quel, Quel éducateurs, nous intéressé promouvoir. On va commencer en cours d'analyse séparément les éléments de l'oralité et du visuel, déjà présents dans l'enseignement, et les signes nous verrons comment ils se reconfigurent en intégrant les TIC. Enfin, nous présenterons la compétences associées à ces aspects des médias et des nouvelles technologies quiest besoin de se développer : apprendre communiquer maintenant collaborer.

le oralité
L'oralité est un élément constitutif des relations et des échanges dans la vie tous les jours. le conversation, la histoires, la Chansons, la radio elles sont quelque à partir de la ins- danses d'échange et de transmission orale. On peut aussi mentionner l'importance à partir de musique pour les jeunes et pour la construction des identités.

62

L'oralité est aussi un élément constitutif des pratiques scolaires. L'ordre-naissance espacer la Salle de classe -la disposition à partir de la banques et tableaux noirs– fournit les conditions d'une organisation de la parole et du silence. Par exemple, les banques alignés les uns derrière les autres face au tableau noir et le professeur indique la centralité spatial et symbolique de celui-ci, qui organise les tours de parole. On voit aussi que apporter la banques à partir de façon Quel la étudiants forme petits groupes ou une cerclegrand entre tous implique une autre proposition de parole et d'échange.

le voix la prof suivre être une important moyen, moyen à partir de transmission la connaissances.Pensons, par exemple, au milieu universitaire et de formation (congrès, mémoires, toons, panels, conférences). Cette oralité ^{41} a des caractéristiques similaires à cellesposséder à partir de la sociétés sans pour autant en écrivant au combien pour le sien mysticisme à partir de la participation, la feutre-fais communauté, le sien concentration au la Cadeau et même la travail à partir de formules. Mais je saisIl s'agit d'une oralité plus formelle, fondée sur l'usage de l'écrit, de l'imprimé et même de TIC.

L'oralité n'est pas seulement l'espace où prédomine l'auditif, mais où il est mis en Je joue le corps et les compétences pour lire le non verbal. pour le spécialiste dans la communication et la culture Anibal Ford (1994 : 37), « oralité, narration, co- la communication non verbale sont en soi et dans ses conflits et relations avec l'écriture et l'argumentation, au centre des processus de construction de sens de notre culture. vrai". Nous sommes dans une culture où raconter, se souvenir à travers des récits, exercer et évaluer la la perception non verbal, se disputer pour par à partir de la action et la Cas pour apercevoirla réalité avec la corps avoir une fort poids. À partir de accord avec Martin Coiffeur et AllemandRoi (1999):

"Ce à quoi nous devons penser, c'est le rapport profond - la complicité elle et la complexité des relations – qui se produit aujourd'hui en Amérique latine entre l' *oralité* qui perdure comme première expérience culturelle du majoritaires et *visuellement technologiques* , cette forme d'« oralité secondaire » Quel tisser et organiser la grammaires techno perceptif à partir de la radio et la films,de la vidéo et de la télévision. Eh bien, cette complicité entre l'oralité et le visuelne renvoie pas à l'exotisme d'un analphabétisme du tiers-monde mais à la persistance à partir de couches Profond à partir de la Mémoire et la mentalité collectifremontées à la surface par les altérations brutales du tissu traditionnel qu'implique l'accélération modernisatrice elle-même ».

Ainsi, nous pouvons percevoir la densité culturelle de l'oralité et de la narration et la prendreQuoi Cadre pour le sien Récupération Quoi maquette cognitif au la les propositions à partir de enseigner-whoa Pour Brunier, la narration est une façonner à partir de pensait et une véhicule pour la créationà partir de signification essentiel au la Constitution à partir de la sujets. Selon est Auteur, "la compétence

construire des récits et comprendre des récits est crucial dans la construction de nos vies et la construction d'une « place » pour nous-mêmes dans le monde possible en auxquels nous serons confrontés ». Telle est l'importance que Bruner accorde au travail avec la narration, Quel résume :

« Un système éducatif doit aider ceux qui grandissent dans une culture à trouver une identité au sein de cette culture. Sans cela, ils trébuchent dans leurefforts pour atteindre le sens. Uniquement en mode narratif en temps opportun on peut se construire une identité et trouver une place dans la culture posséder. le écoles devoir le cultiver, la nourrir, laisser à partir de donne-le par bien sûr".

Egan (1999 : 107) commente : « dans l'éducation, nous avons accordé une place de choix au concept décontextualisé, et Il semble Quel on a oublié Fabriquer la météo ce Quel la médias à partir de co-munition plus puissant à partir de notre l'histoire culturel mettre à partir de manifeste avec clarté:Quel la image affectif est décisif au la la communication la sens et à partir de la signification ».

Restes Alors décrit la relation amoureuse Entrez éducation, oralité et récit pour pouvez présenter-entourer quelques lignes de travail avec TIC.

le différent médias à partir de disque sonore (flûtes à bec à partir de L'audio, vidéo, CD et DVD) introduction-offrir des opportunités intéressantes dans la dynamique de l'oral à l'école. peut être utiliser enregistreurs vocaux numériques, musique et sons pour rapprocher étudiants à :

•   techniques d'observation scientifique, de collecte et d'analyse de l'information : capture des sons ou des bruits (à partir de une écosystème, à partir de une environnement Urbain ou à partir de animaux, par Exemple),pour puis affichez-les et expliquez-les ;

64

- la disque à partir de témoignages oral, pour par à partir de entretiens, au la Cadre à partir de recherchedans le domaine des sciences sociales;

- le production à partir de Contenu numérique oral Quel pouvez diffuser au L'Internet. Par Hum- parcelle, la présentation, Explication et débat à partir de nouvelles la mois relatif pour différent domaines : découvertes archéologiques, phénomènes climatiques, questions environnementales, politique, scientifiques, social, etc. je sais pouvez, Alors, indiquer pour la approfondissement à partir de une thème traité aula Salle de classe, pour par à partir de la exécution à partir de une entretien pour une professionnel spécialisé au la région, une sondage, une débat, etc., avec la motivation à partir de répandre par l'Internet ou visuel [42] _ le siècle XX est impensable sans pour autant la papier de construction et constitutif joué par la images à partir de la iconographie scientifique, à partir de la La photographie, la films, à partir de la télévision, à partir de la La publicité età partir de les nouveaux médias numériques.

Toute réflexion sur tout moyen d'expression (textes écrits ; rapports personnels) journaux de navigation journalistiques ; représentations graphiques, cartographiques, picturales; photographie, cinéma, etc.) la question fondamentale du rapport spécifique qui existe entre le référent externe et le message produit par ce média. Est à propos la question de *modes de représentation.*

En ce qui concerne spécifiquement la photographie, on peut dire qu'il existe une sorte de consensus le respect à partir de Quel la réel document photographique *rendement facture fidèle la homme-faire* . La crédibilité dont jouit l'image photographique repose principalement sur la conscience Quel je sais avoir la traiter mécanicien à partir de production à partir de ce image. le la photographie La foi, avant le bon sens, *ne peut pas mentir.* La photo est perçue comme une sorte de preuve qui atteste sans doute de l'existence de ce qu'elle montre. Le besoin de *Regardez pour croire* je sais trouver là satisfait. Ce Quel nous voyons au une La photographie est *vérité,* unefragment de réalité, quelque chose qui existe ou a existé avant l'objectif de la caméra. lela photographie journalistique est un document dont on ne doutera pas a priori de la véracité.Sans embargo, le sien évaluer film documentaire, témoignage, je sais présente au la cadeau au une doublejouer: par une côté, n'importe qui Quel avoir une appareil photo pouvez enregistrer événementset les envoyer aux sites Internet des journaux. Et d'autre part, il est facile, grâce à la numérisation, retouche et truquage de l'image.

Nous tenons à souligner que ce n'est pas nouveau et pour cela il faut enregistrer ce double jouer au une parcelle culturel et Social. Volonté, ensuite, une route historique délimitépar les différentes positions tenues par les critiques et les théoriciens de la photographie concernant à partir de est début à partir de réalité. [43] Nous verrons Quel en vue de la la diffusion Social à partir de Nouveau les technologiesdes dynamiques similaires à celles que l'on voit se développer aujourd'hui. Parmi leur, la sentiments a trouvé front pour la la perception à partir de la changements, et la besoinréorganiser l'espace culturel et social.

La Photographie quel miroir ou quelle transformation d'elle réelle ?

photographie en tant que miroir de la réalité a commencé à apparaître comme une idée dès le début du 19ème siècle. Déclarations (pour, contre, contradictoires, controversées, exaspérantes) siestes) au la La photographie ils ont partagé la conception à partir de Quel est, au Comparaison avec laLa peinture, a été *la imitation plus parfait à partir de la réalité.* Ce capacité mimétique la obtenudu caractère très technique de la procédure, qui a été considérée comme faisant ressortirimage *automatiquement, objectivement,* presque *naturellement,* sans l'intervention *de la main du artiste.* A cette époque, la perception sociale était que la mutation technique était énorme, etce réveillé peur et fascination pour la temps. Il y avait, ainsi que, des visions les optimistes Quel CE-travaillé la Libération la art à partir de la les fonctions social et de l'utilitaire jusqu'à ce que ce momentexercé par la La peinture, Quel pour partir à partir de ensuite voudrais prendre par la La photographie. Au cemoment du changement de rôles, il s'est produit quelque chose qu'on définirait aujourd'hui comme une *reconversion de la les professions:* ancien portraitistes ils sont passés pour être photographes. Est Quoi Oui en vue de une Nouveau?

La technologie son acceptation dépendait de la clarification de ses domaines de préoccupation. Dans ce ensuite, la papier à partir de la La photographie consistait au garder la empreintes de pas la passé et aiderles sciences dans leur effort pour mieux comprendre la réalité du monde. Sa fonction a été film documentaire, à partir de référence, à partir de disque et extension à partir de la possibilités à partir de la voirHumain. Il était considéré comme *un assistant de mémoire* ou le *simple témoignage de ce qui s'est passé.été.* le art, ce imaginaire et la création resté réservé pour la La peinture. je sais opposé,Alors, la *neutralité la appareil* à la *produit subjectif de la sensibilité la artiste.*

Deux des siècles ensuite nous nous avons demandé par Quel tellement ensuite Quoi aujourd'hui est alors important établir ou mettre en place des espaces d'action pour les technologies émergentes. Est-ce une façon de réarranger et donner lieu pour ce Nouveau? Est une façonner à partir de la résistance en vue de la changement? Est l'expression d'un rapport de force pour l'espace symbolique et culturel et pour la différenceCitation sociale ?

photographie comme transformation de la réalité est l'idée qui apparaît fortement dans le siècle XX. je sais met en garde Quel la photo est éminemment codé. À partir de la psychologieperception et l'analyse d'un type idéologique, il est soutenu que la similitude avec le la réalité est une convention sociale, une création arbitraire, culturelle, idéologique. De cela façon, il ne peut être considéré comme un miroir car il suppose transposition, analyse, interprétation, même, transformation à partir de ce réel. Par ensuite? Au début, car des offresune image déterminé par la angle à partir de vision, la distance avec le respect à la objet et le cadrage. Il y a un œil qui sélectionne ce qui peut être photographié et prend des décisions. De Analyse idéologique je sais discuter la prétendu neutralité à partir de la appareil photo et la objectivité, puisqu'il exprime une conception particulière de l'espace : la perspective de la Renaissance. Adé-De plus, la signification des messages photographiques est culturellement construite, non impose comme évidence pour chaque récepteur : certains codes de la lecture. Avec cela, la valeur d'un miroir, d'un document exact, d'une similitude, est remise en question. Infaillible. Puis, par plus fidèle Quel être une image pour transmettre information visuel,la traiter à partir de sélection toujours révélera la interprétation Quel le sien Auteur est terminé à partir de ceQuel considérer comme pertinent.

Au la cadeau la La photographie je sais les usages avec diverse prend fin: scientifiques, journalistique, fais-commensaux, expressif -artistique, personnel-, les proches, légal, illustratif, etc.

Le sien interprétation est une compétence important pour apprendre, alors Quel connaître la vendre-Ha et limites la instrument. Au la l'école, à la produire et utiliser Photographies, sontconsidérations devoir être enseigné. Est important à savoir à partir de Quel modes je sais ils utilisentdans les sciences et les arts. Par exemple, en biologie, caméras photographiques et d'imagerie vidéo portion Quel aides pour la observation, la disque et la Documentation. Au l'enseignement, la microscopie est largement utilisée en l'absence d'instruments d'observation sophistiqué. Dans le domaine des sciences sociales, bien qu'elles soient utilisées comme témoignage ou document, existe simultanément une espèce à partir de *état à partir de alerte* au la indiquer à partir de voirvoisé par la photographe. le utiliser intensif à partir de la Photographies au la presse écrit pour acmé- couche la les textes Ha approfondi la besoin à partir de non perdre à partir de voir sont questions.

Considérant les possibilités documentaires et la particularité d'être traversé par codes, nous présentons ci-dessous quelques pistes de travail pour utiliser les camérasnumérique:

- Exploration la instrument. Expérimentation à partir de codes. Analyse à partir de la Photos. Exercer-citation au différent réglages et angles à partir de appareil photo avec la finir à partir de produire une un messagebéton pour une destinataire défini. Au général, au la première essais je sais produire

Erreurs bases, au le sens à partir de Quel la Photos non je sais correspondre avec ce Quel je sais essayéou ce qu'ils étaient censés être.

- Post-production à partir de la image photographique. Oui je sais facture avec une Programme à partir de édition à partir de images, vous pouvez expérimenter différents types de *retouches.* A partir de là, discutez sur la valeur documentaire, la diffusion de ces pratiques dans les magazines de divertissementet publicités, considérations éthiques, etc.

je sais peut utiliser les caméras comme support du observation scientifique :

- Capturer des images à différents moments qui marquent une séquence dans le phénomène étudié, par exemple dans le domaine de la biologie, la germination d'un graine dicotylédone, l'incubation d'un œuf, le changement dans les arbres de selon les saisons de

68

l'année, la fermentation du lait, etc.

- Capturer et disque à partir de images illustratif, par Exemple, durant une expérience-pour (une réaction chimie "visible" -changement à partir de Couleur, production à partir de gaz, etc.- une titrage, croissance cristalline, etc.).

Ce ne sont là que quelques-unes des approches possibles. Qu'est-ce que les autres imaginent? Quelles personnesou Ressources documentaires pouvait être consulté pour agrandir la la perspective et aider pourdévelopper nouvelles idées?

le régimes

Au la séparé précédent nous parlons à partir de modes à partir de représenter et nous développons la Cas à partir de photographie par rapport au degré de ressemblance avec ce qu'elle représente. À présent, nous allons penser sur les photos dans différents niveaux d'abstraction.

La schématisation consiste en une action de réduction progressive de la complexité à partir de la phénomènes et, réciproquement, une augmenter progressive à partir de la information visuel". [44] L'information visuelle est une opération d'abstraction et de conceptualisation cristallise dans un schéma graphique. Dans cette opération, certains types d'informations sont filtrés. Toing à partir de ce réel et je sais encoder à partir de une mode plus rapporter et simplifié seule la caractéristiquesqui sont intéressés. Les dessins anatomiques de Léonard de Vinci en sont les premiers exemples.Nous de la suppression délibérée de certaines caractéristiques dans un souci de clarté conceptuelle. Les cartes ont également cette caractéristique d'abstraction.

Rappelons que ce type d'images est utilisé dans l'enseignement depuis le origines mêmes des systèmes éducatifs modernes. *Orbites sensualium pectus* ou *La monde sensible au images,* la penseur morave John Amos Coménius (Hersey nichée, 1592 - Amsterdam, 1670), est le premier livre illustré à des fins éducatives. Dans un pro- poste, Johann Heinrich Pestalozzi insiste sur l'importance d'utiliser des objets Naturel au la enseignement avec la finir à partir de atteindre la connaissances à partir de la truc par la truceux-mêmes. Cependant, il accepte l'utilisation de feuilles ou de modèles qui remplacent la nature. Ral. A cette époque, on pensait qu'il n'y avait pas de différence cognitive essentielle entreimage dessinée sur papier et l'image visuelle de l'objet réel, puisque les deux sens cela m'est venu à l'esprit comme représentation. Objets et images, en remplacement pictural à partir de la objets, remplie, alors, une papier central au la croissance à partir de la Les facultés

Mental, car représentée la origine authentique à partir de tout connaissances réel. Sansembargo, le plus d'utilisations récents indiquent une changement de cible :

« Les images sont restées impliquées dans la salle de classe. Mais maman- Le plus souvent, en tant que support informatif, « témoignage » de la tâche ou indicateur derègles ou événements. Ce n'était pas la hiérarchie qu'ils avaient pendant trois siècles.Sa mission était différente. Sans théorie pour les étayer, ils restent aussiune moyen, moyen assistant pour apporter Les données la monde pour étude ou coopérer au laorganisation de classe. L'image graphique, telle qu'elle est le plus souvent utilisée, esprit, non voudrais déjà 'la objet' Quel causerait la représentation au la espritou la esprit lorsque la termes non permettrait ou ils vont conseiller la Contactdirect. L'image, maintenant, sert de texte pour fournir des informations,soutenir informations d'un autre type ou organiser des informations […]. Quatre. Cinq

De nos jours,

à l'école de nouvelles formes discursives apparaissent : encyclopédies, livres, magazines et journaux viennent jouer une place importante et portent Nouveau images à partir de une taper et une évaluer très différent à la Quel caractérisé aux commissions scolaires. La commission scolaire, que l'on pourrait qualifier de 'réalité décontextualisée', se dilue avec l'entrée de 'réalité' et 'leconnaissances' via les soutiens non scolarisé initialement (Photos, films, et programmes informatiques)". [46]

Autre taper à partir de décrivant elles sont la graphique ou diagrammes Quel Afficher rapports Quelinitialement non elles sont visuels, Par ailleurs temporaire ou logique. Une Exemple est la arbre gène-logique, une à partir de la Plans relationnel plus ancien Quel nous savons, où une relation amoureuseQuel nous pourrions Explique Quel "est la femme à partir de une cousine seconde à partir de moi mère adoptif"se voit rapidement. Quelle que soit la connexion, le schéma mettra devant nous yeux ce qu'une description verbale pourrait représenter avec une chaîne d'énoncés. En ce sens, la schématisation part d'éléments abstraits (concepts, données, processus, etc.) pour produire l'information visuelle.

Au éducation, la régimes elles sont des connaissances ainsi que Quoi *les organisateurs graphique.* Sont outil-tandis que visuels nous Autoriser Afficher régularités, rapports, alternatives à partir de action; exposerdonnées et processus ; décrire des objets et des lieux; établir des relations entre les idées; résumer, faciliterinterpréter et comprendre les informations. Certains des plus utilisés sont : les peintures synoptiques, diagrammes, organigrammes, chronologies, cartes conceptuelles, réseaux, etc. Le critère le plus important pour décider du type d' organisateur graphique à utiliser est de définir lemode à partir de représentation au une fonction à partir de la devoirs cognitif: Oui la devoirs est comprendre une causalitéou Comparaison, la conception visuel devrait contribuer pour montre le avec clarté.

C'est multimédia
Exister de nombreux définitions à partir de multimédia. le achevé "multimédia" je sais utilisé déjà avant deà partir de la l'ordinateur. je sais employé pour décris productions Quel intégré projecteursà partir de diapositives, moniteurs à partir de vidéo, graveurs à partir de L'audio, projecteurs à partir de films, Entrez

Les autres, pour avoir certain effets par la combinaison à partir de images et des sons. Ainsi que a été utilisé au relation amoureuse avec programmes à partir de éducation pour distance ou à partir de enseignementà partir de Langues Quel inclus différent médias à partir de transmission Quel radio, télévision, etc. À partir de làla Nom "Programme multimédia". Autre signification la nous trouvons au la "paquets multi-demi" pour la enseignement. le "emballer" inclus matériaux imprimé avec texte et images,rubans à partir de L'audio, cassettes vidéo. À la diffuser la l'ordinateur personnel, départs pour Parler l'un à l'autre à partir de "l'informatique multimédia" Quoi une essayé à partir de combiner la médias audio-visuel avec textes et Photographies pour créer une Nouveau moyen, moyen au la écran à partir de la l'ordinateur.

Les caractéristiques les plus importantes sont : la présence de plus de deux médias ou morph- ologie de l'information (textes, diapositives, photos, vidéos,

71

graphiques, audio, etc.), et la l'interconnexion, la combinaison et l'intégration de ces moyens. Le résultat final n'est pas somme de chacun, mais un produit totalement nouveau.

Dans ce module, nous ne mentionnerons que l'utilisation de créateurs de présentation ou d'éditeurs.Celles-ci Elles sont programmes informaticiens Quel hérité quelque à partir de la caractéristiques et applications Quel en vue de-récemment Ils avaient la diaporama ou transparents. À partir de terminé, je sais les usages la achevé "glisser ″ , au temps à partir de pages, pour Nom pour la unités Quel se réconcilier une présentation. UNE à partir dela avantages à partir de la programmes à partir de présentations est Quel Autoriser insérer au la diaporama différent *objets* , tel Quoi les textes, images, graphique, Matériel sonore, la musique et mêmeséquences filmique.POUR tous *objet* ils peuvent s'y appliquer, quoi de plus, effets à partir de animation.

Les présentations sont un type particulier de document, avec leurs propres caractéristiques. UNEla diapositive de présentation n'est pas une page d'un livre dans lequel vous écrivez et écrivez. Guetta avec le luxe des détails. Les présentations sont utilisées pour afficher des informations sur chemin court et direct. Cela implique un grand travail de synthèse de la part de ceux qui élabore, pour résumer et n'exposer que les données nécessaires. Cela implique aussi des travaux de sélection du matériel graphique qui accompagnera l'information.

Il est important de définir le contexte dans lequel la présentation sera lue. Le premier accompagnera-t-ilposition d'un orateur ? Sera-t-il distribué ou partagé à travers L'Internet?

le présentations ils peuvent être à partir de deux les types: linéaire ou interactif. le première elles sont ceux dont diaporama je sais arriver au une commande unique et prédéfini à partir de la première jusqu'à ce que ladernier. Elles sont utilisé pour accompagner ou complément une exposition oral au une thème déterminé. le interactif Elles sont celles au Quel est possible choisir lequel est la informationQuel je sais vouloir Regardez; la lecteur à partir de la présentation la il tournée par moyen, moyen à partir de liens, comme si étaient navigation au L'Internet. À partir de est façonner, tous lecteur pouvez fais une route à partir dela lecture soi même, à partir de accord pour leur intérêts. Effectuer est taper à partir de présentations est possibleMerci pour la capacité à partir de élaborer hyperliens Entrez la différent diaporama.

La proposition d'inclure la réalisation d'un projet multimédia (avec un éditeur de prévisualisation)séances) par partie à partir de la étudiants pour apprendre au une déterminé Contenudevrait envisager, en premier lieu, la proposition d'une finalité spécifique dans laquelle information acquérir sens. Est dire, au temps à partir de produire une *compilation illustré* ,la devoirs doit poser sa candidature Quel interpréter, Explique, appliquer Tandis que exposer le sien indiquerde vue. Ce processus d'interprétation nécessite de décider comment représenter l'information (avec textes, graphiques, photos et vidéos, audio). Par exemple, ils peuvent proposer des solutions pour un problème précis, faire un rapport pour un congrès ou pour être présenté devant une autorité municipale, etc. Ensuite, les élèves doivent être encouragés à :

• prendre les décisions sur la taper à partir de information nécessaire pour Support la solutions

Qu'ils ont obtenu. S'il n'y a qu'une seule bonne réponse, si elles ne sont pas tenues d'être sélectif, la exercer pouvez devenir au une exercer à partir de couper et pâte. le étudiantsdevoir accéder pour la information, le transformer et traduire le quatre apporter les raisons solide- Nous voulons Quel soutenir la Contenu et la organisation à partir de leur des produits multimédia.

• Trouvez et collectez les informations les plus importantes et interprétez-les dans le support qui ils utilisent.

• Commande la des idées, la diviser au les sujets plus réduit pour tous faire glisser; définir la relation amoureuse Entrez sont, le sien organisation et séquence; choisir la Haut images pour pour illustrer la indiquer Quel vouloir marque. est traiter contribue pour compréhensions différent la thème.

• Analyser la formes à partir de complément la diaporama avec la utiliser à partir de feuilles de calcul à partir de calcul pour enregistrer et illustrer graphiquement les données collectées.

• Introduire de la complexité avec des structures non linéaires (présentations interactives) qui Autoriser organiser différentes tournées de lecture.

73

le utilisation à partir de celles-ci programmes Il permet la entraine toi à partir de techniques à partir de rapport, divulgation l'information et la communication avancée. Ce sont des outils qui peuvent être utilisés développer des documents, catalogues ou expositions multimédias (avec photos, *collages,* vidéos, fichiers MP3, etc.). Nous parlons donc de l'utilisation de *systèmes Suite soutien physique* représenter, de différentes manières, la connaissance.

Hypertexte, hypermédia

L'hypertexte est une structure informatique d'organisation de l'information, qui Fabriquer possible la Connexion électronique à partir de unités textuel pour par à partir de liens à l'intérieur la même document ou avec documents externe. [47] hypermédia voudrais la combinaison à partir de
Hypertexte avec multimédia. le la toile aurait, selon est définition, une Format hyper moi-jour, même si tout ce qui y est publié n'a pas ces caractéristiques.

POUR peser à partir de Quel la différence Entrez sont définitions est dégager, au la entraine toi, la terme-mon hypertexte a été généralisé avec une grande force étant utilisé indistinctement à la fois faire référence à l'hypertexte au sens strict d'hypertexte multimédia - c'est-à-dire hypermédia – puisqu'il n'y a pratiquement plus d'hypertextes constitués d'un seul texte. appel.

Certaines fonctionnalités:

Tout texte numérisé n'est pas un hypertexte, puisqu'il est constitué de liens entre éléments. Éléments internes ou externes. Lorsque le lien s'enroule sur lui-même, nous avons un hypertexte délimité ou limité (comme les CD-ROM). Lorsqu'elle est externe, on a comme horizon la Tout le site Web.

• Il y a différent degrés à partir de linéarité au la hypertextes. Par une côté, de nombreux hypertexte speut être encore plus rigide que le texte traditionnel lui-même, nous obligeant à traverser chemins préordonnés. A l'autre extrême, l'auteur peut tracer les chemins se complètent ou s'excluent et vous pouvez sauter de l'un à l'autre en choisissant l'ordre des la lecture, à partir de façon tel Quel la les décisions la lecteur déterminer la

74

croissance à partir de la l'histoire(au fiction) ou le point de vue choisi (en non-fiction).

• le non-linéarité (ou de manière non séquentielle) non est une caractéristique inhérent la hypertextePar ailleurs une possibilité organisationnel. le hypertexte avoir la avantage à partir de aller plus là à partir de la ligne-qualité de la plupart des textes imprimés, sans que cela signifie que cette qualité soit indispensable, ni qu'il est impossible d'obtenir dans les textes imprimés, comme en témoignent des livres comme *Hopscotch* de Julio Cordozar (1963) ou des films comme *Eternal glow of un esprit sans souvenirs* (2005, réalisé par Michel Gundry) *Run Lola, run* (1998, dirigé par À M Tynker) et *le effet papillon* (2004, dirigé par Éric Laiton et J Mac-Clé Fouilleur).

• L'hypertexte, du point de vue du lecteur, est un document électronique dans lequel Quel la information je sais présente au façonner à partir de une rapporter à partir de nœuds et liens. Choisir Entrez une ou autre implique toujours un calcul préalable sur ce que nous pouvons trouver de l'autre d'une part, une anticipation qui, d'une part, est cognitive (par rapport à ce qui est lu) et, d'autre part, autre, avoir une résultat mécanicien, déjà Quel je sais traite à partir de bouge toi la *Souris* et Activer une zonedepuis l'écran.

• L'hypertexte, du point de vue de l'auteur ou du producteur, est un système d'écritureramifié qui offre un point de départ et différents chemins pour parcourir son liens. le hypertexte a besoin la Auteur une travail Additionnel le respect à partir de ce Quel Fabriquer une Auteur traditionnellement à la Envoyer Matériel pour la impression, car la Contenu -quoi de plus à partir de deêtre travaillé stylistiquement et rhétoriquement- devrait être organisé hyper textuellement.

Pouvez dire, ensuite, Quel la hyper textualité a caractéristiques Quel poursuivre en justice une Nouveau entente la texte Quel je sais lire et une ensemble différent à partir de stratégies pour la écrivez- vrai, et par ce tellement des offres une campagne à partir de Opportunités pour la intervention éducatif.

Non linéaire -Tabulaire

La non-linéarité est une possibilité organisationnelle de l'hypertexte. Cependant,

75

pour Christian Vandendorpe (2003), définir une achevé pour partir à partir de une le déni ou absencela propriété n'est pas tout à fait exacte. Décrire l'opposition à la linéarité propose le terme « tabularité », qui vient du français *tableau* (table) et représente une analogie Entrez la façon au Quel je sais "lire" une Cadre et la la lecture à partir de une texte.

Alors que la linéarité fait référence à une série d'éléments ordonnés séquentiellement essentiellement et essentiellement dépendante de l'ordre du temps, la tabularité met manifeste la possibilité pour le lecteur « d'accéder aux données visuelles dans l'ordre où il choisir, délimitant à partir de entrée la sections Quel toi sont intéressés".

Avec seulement penser au la agendas et excuse moi cadeau la information, pouvez donne nous Compte-ta à partir de Quel la tabularité est assez plus ancien à partir de ce Quel communément je sais croyez. Avecla apparence la du quotidien et la presse à partir de gros mandrin, pour partir la siècle XIXe, et surtout après l'apparition des titres pleine page, le texte échappe à la linéarité original du mot à se présenter dans des blocs visuels qui se répondent et com- complété sur la surface de la page, comme s'il s'agissait d'une "mosaïque textuelle", selon la métaphore de Marshall McLuhan. La mise en page est "guidée non par le logique la discours Par ailleurs par une logique espacer." "Le montant à partir de Colonnes, la police de caractères- l'image, la position des illustrations, la couleur, permettent ainsi de zoomer ou dézoomer, sélectionner et unités désunies qui, dans le journal, sont des unités informatives. Le collationnement prier ensuite Quoi une rhétorique la espacer Quel restructurer la commande la discours(sa logique temporelle) pour reconstituer un discours originel qui, justement, est le discours la du quotidien".

A notre époque, il ne fait aucun doute que la tabularité correspond à une exigence à partir de organisation à partir de la les textes à partir de taper informatif, à partir de façon à partir de Autoriser une approprié- orteil alors efficace Quoi être possible. Incontestablement, le sien une fonction primaire est retenirle lecteur dont l'attention est instable ou passagère, contrairement à celle d'une organisation organisation linéaire, qui s'adresse à un "lecteur de fond". Mais c'est aussi très pratique pour la communication d'informations variées sélectionnables en fonctionla intérêts.

76

Vu sous cet aspect, le texte imprimé ne dépend plus exclusivement de la ordre linéaire, mais tend à intégrer certaines des caractéristiques d'un tableau balayé par l' œil du lecteur à la recherche d'éléments significatifs. Ainsi, cela peut rompre avec le fil de texte pour accéder directement à l'élément concerné. Par conséquent, un chantier de construction est appel tabulaire lorsque Il permet la déploiement au la espacer et la manifestationsimultané à partir de divers éléments Quel pouvez servir à partir de aider à la lecteur pour identifier leur les articulations et trouver ce plus rapidement possible la des informations Quel toi ils intéressent

Selon Vandendorpe, la notion à partir de tabularité, quoi de plus à partir de représenter une mode Inter-pas de disposition des données, il renvoie à deux réalités : la « tabularité fonctionnelle », exprimé par les résumés, les index, la division en chapitres et paragraphes (moyens de ordre organisationnel qui facilite l'accès au contenu du texte); la « vi- tabularité » sceau », qui permet au lecteur de passer de la lecture du texte principal aux notes, gloses, figures, illustrations, le tout présent dans le double espace de la page. Ce ta- la clarté est présente dans les journaux et magazines, très développée à l'écran (pages Web ou CD-ROM). Pour se conformer à ce type de tabularité, le texte est travaillé commeune Matériel visuel.
Compétences de base: apprendre pour communiquer et pour collaborer
je sais fait référence à la ensemble à partir de stratégies pour pouvez communiquer avec les autres pour par à partir de dispositifs.

Être capable de communiquer à travers le langage spécifique de la discipline.

Utilisez différents moyens pour communiquer.

• Être capable à partir de apprendre au façonner coopérative et collaboratif, ce Quel a besoin enseignement système- du mastique et rigoureux, bien non je sais donner à spontanément. Est important atteindre la communauté à partir deobjectifs, réciprocité dans les relations, interdépendance, même face à l'asymétrie desconnaissances. je sais traite à partir de une travail permanent avec les autres formant réseaux à partir de connaissances.

À partir de inclusion, coups, clés, Opportunités et Projets

Penser la TIC Quoi politique à partir de inclusion, refléter au la coups la monde courant,lire la clés pour la l'intégration à partir de la Nouveau les technologies au la Salle de classe et nous faire Nouveau les questions et la construction de positions font partie de l'objectif de ce module. Jusqu'à ce que Maintenant, nous avons pris les différents thèmes et essayé d'identifier les dimensions, les perspectives,interprétations. Nous cherchons à réfléchir sur le nouveau et le changement ; tracer des lignes continuité et rupture. Les « Opportunités de générer des scénarios d'appropriation TIC significatives » que nous présentons dans la section suivante complètera une pro- mettre à partir de l'intégration à partir de la Nouveau les technologies Quel contempler et encourage la la lecture à partir dela complexité du monde, la densité culturelle, sociale et politique du sujet, et la contextes spécificités des actions.

Savoir ce que les autres ont pensé et recherché, discuter avec les auteurs, être conscient à partir de ce Quel arrive -et, pour le temps, être conscient à partir de Quel ce nous faisons pour par à partir de la voir à partir deles autres et l'histoire qu'ils ont construite–, échanger des idées et des opinions avec nos collègues, étudiants, amis, etc., nous aide à développer des positions – personnelles, théoriques, méthodologique – et visualiser les futurs possibles. Nous comprenons également que les perceptionstoons du présent changent quand nous regardons vers l'avenir et *projetons* des scénarios de de comprendre les forces en jeu. Ainsi, ces *visites au supposent* une lecture intentionnelle du contexte, une construction du problème et une proposition d'intervention. Ils impliquent des sujets critiques et *créatifs* (Giordano, 2002), pouvoir à partir de interpréter et produire quelque chose Nouveau, entente ce "Nouveau" Quoi ce Quelintroduit des composants qui n'existaient pas auparavant mais aussi comme ce qui modifie et réorganiser ce qui existe.

Dans un sens plus large, le *projet* représente un aspect central dans le processus de constitution du sujet, c'est-à-dire la capacité à définir un *projet de vie.* Enseigner elle fait aussi partie d'un projet de vie et, à son tour, l'institution scolaire - entre autres– est soutien et guide du projet de vie des nouvelles générations. Région de Moreira(2001) dit : « Notre temps actuel est celui de la prise de conscience que l'avenir est la responsabilitécapacité à partir de la nous habitons la Cadeau". Au est Cadre à partir de mais, la les décisionsQuel Nous prenons elles sont toujours les décisions éthique.ET la les décisions éthique elles sont complexe, bienelles n'impliquent pas seulement des questions de bien et de

78

mal. Ils supposent une *intégration* de trois dimensions : la *rationalité* des objectifs –éducatifs, politiques–, le curriculum et les plantations; sensibilité envers les gens, ce qu'ils pensent, ressentent , leur vœux, leur Besoins, leur préférences, le sien illusion, le sien découragement, leur aspirations;la point de vue que comprend le *le contexte* et à *à long terme* .

De tout ce matériel, des lignes directrices claires se dégagent pour générer des propositions de l'enseignement avec des composants TIC. Celles-ci sont conçues comme un cadre commun ouvert inachevé et qui *sera* précisé lors de son élaboration avec les enseignants, dans écoles.

Comme nous l'avons proposé tout au long du module, pour l'intégration des TIC dans le travail l'école résultat nécessaire refléter au la relation amoureuse Entrez La technologie, genset connaissances à partir de une la perspective complexe Quel intégrer ce gnoséologique, ce communauténationale, ce psychologique, ce Social et ce didactique. Au la cadeau, la modes à partir de accéder pour la information et à la connaissances Elles sont plusieurs et varié. le l'école, ensuite, avoir rôle important dans l'enseignement des processus systématiques de découverte, de sélection, organisation, compréhension et communication. Par conséquent, le travail avec les TIC dans le l'école devrait indiquer plus Quel à la domaine purement instrumental à partir de la La technologie, pourson utilisation de manière créative et critique dans des environnements de réflexion, de débat et d'apprentissagesignificatif.

À partir de de cette façon, le intégration pédagogique de Les TIC, c'est les concevoir :

En tant que ressource pédagogique et, aussi, en tant qu'objet d'étude et de réflexion, un moyen de expression et production, et mode de gestion des connaissances, en fonction des objectifs pédagogique

Dans le cadre d'un projet transversal, guidé par des finalités pédagogiques et de compréhension donnant la chance à partir de poursuivre prend fin culturel, social et Les politiciens: bâtiment à partir de identités, visibilité, communication, formation et participation citoyenne.

En tant que composantes des environnements d'apprentissage, la réflexion, la compréhension et la communication formation, combinable avec d'autres

79

ressources, dans les différentes matières du programme.

le intégration pédagogique à partir de Les TIC sont pouvoir de :

Alterner instances individuel et grouper à partir de travail pour par à partir de dynamique collaboratif.

Indiquer pour la autonomie la élève, guidé par la prof, et à la croissance à partir de rivaliser-tions pour la participation à la vie publique : apprendre à apprendre, gérer l'information et communiquer.

Faire en sorte Ressources, les espaces et temps à partir de mode souple et assister pour la complexitéla contexte et de contenu à enseigner.

Concevoir l'interaction entre les élèves dans l'espace de la classe et dans le virtuel.

Gérer la la diversité à partir de corvées au simultanéité et la découper à partir de instances pré-indispensable et en ligne.

Incorporer des questions liées à la dynamique sociale et culturelle des médias la communication et à partir de la TIC, Alors Quoi celles en relation avec la des postes et contenu-deux qui y sont produits, partagez et ils circulent.

Dialogue avec la consommation culturel juvéniles et prends les Quel indiquer à partir de Départ pourla réflexion et construction de nouveaux connaissances et productions.

De ce fait, les TIC sont pensées dans des contextes d'appropriation complexe, en ceux que l'utilisation de la technologie n'est pas un but en soi mais répond plutôt à objectifs pédagogique et fins à partir de la enseignement. Nous allons le prendre en compte Quel la utiliser est "d'accord-lorsqu'il parvient à intégrer de manière pertinente les potentialités de l'outil et les besoins qu'il entend satisfaire, et lorsque le résultat du processus d'intégrationl'étain n'aurait pas pu être réalisé sans travailler avec cette technologie. L'incorporation de Les TIC, dans cette perspective, visent à promouvoir l'usage avec un caractère pédagogique, social et culturelles, pour valoriser les propositions pédagogiques et offrir aux étudiants, Nouveau Opportunités pour apprentissages significatif et pertinent.

Ainsi, travailler selon ces directives implique, d'une part, de connaître les de nouvelles langues, approcher de "nouvelles cultures", repenser les stratégies d'enseignement, conception les propositions didactique, essayer raccourcir la lacunes générationnel et à envisager laaffectation subjective qui se produit dans l'appropriation du discours médiatique et pédagogique.logique ET, par autre, a besoin la participation et la travail collaboratif à partir de la équipement institutionnel, et la renforcement la rôle et la autorité la prof au la processus à partir deconstruction de connaissances sur TIC et avec

Nous présentons ci-dessous des opportunités pour l'organisation et la recherche des informations et pour la communication avec des cartes conceptuelles numériques, des quêtes Web et blog. Dans chaque section, après avoir décrit ces TIC, nous identifierons les apports pédagogique Quel apporter à la travail l'école et la conditions à partir de le management par partie laprof.

Possibilités d'organiser l'information à travers des cartes numériques conceptuelles

le organisation à partir de la information est une partie important au tout traiter à partir de bâtiment à partir de deconnaissances. La mise à jour, la fragmentation et l'invisibilité des contenus qui circulent au la médias audio-visuel et numérique à partir de la communication fais Quel la sélection, classer-étain, catégorisation et hiérarchie à partir de Les données je sais revenir corvées central au la processus à partir deentente. le Planification à partir de quelconque chercher à partir de information a besoin programme la pro- transfert, identifier connaissances précédent au la thème, d'installation axes au la Quel je sais vise àagrandir ce Quel je sais connu ou synthétiser et intégrer la résultats pour ce Quel déjà je sais savait.

UNE façonner à partir de développer la capacités lié avec la organisation à partir de la informer- tion est pour partir à partir de la utilisation à partir de les organisateurs graphique. le schémas, Plans ou réseaux conceptuel, planches, lignes à partir de la météo, des horaires, et schémas à partir de couler Autoriser plus mûr-présenter visuellement les informations et saisir graphiquement les idées et les concepts. Ainsi que ils aident à développer une pensée complexe, à y réfléchir et à la communiquer. Les différents outils numériques permettent aux étudiants d'organiser ce qu'ils savent et, intégrer de nouveaux concepts à d'autres déjà appris, proposer des schémas préliminaires à partir de contenu, synthétiser des textes, poser des problèmes sous forme complexe.

81

Choisir des organisateurs graphiques pour le travail scolaire nécessite d'identifier à la fois les objectifs de la proposition pédagogique et les spécificités de chaque outil. Mensonge. Si ce que vous voulez, par exemple, c'est que les élèves repèrent certains événements à l'intérieur à partir de une point final à partir de la météo déterminé pour Quel visualiser et comprendrela relation amoureuse temporaire Entrez elles ou ils, la organisateur graphique plus qui convient est une ligne à partir de temps-po. Par autre partie, Oui ce Quel je sais chercher est Quel la étudiants comprendre la relation amoureuse Entrezconcepts, le plus pertinent est une carte conceptuelle.

Carte conceptuel numérique: synthèse à partir de la outil
Une carte conceptuelle est un modèle de représentation graphique des connaissances. Le sien la construction suppose une activité intellectuelle et permet à l'élève de visualiser formation Quel déjà a acquis et ce savait Quel intègre, et, à partir de est façonner, organiser la réflexions pour mieux comprendre.

Pouvez être construit avec crayon et papier. Sans embargo, quelque programmes spécifique à partir de doux-ware vous permettent d'étendre votre potentiel. L'utilisation de ces outils numériques simplifie et accélère la manipulation, le stockage, la récupération et l'approche multimédia des Contenu. En ce sens, l'un des principaux avantages de travailler avec des cartes conventionnelles conceptuel au l'ordinateur est Quel la notions et la rapports ils peuvent être modifié plusfacilement qu'au format papier, tandis que les différentes versions de ce qui a étéproduit ils peuvent être archivé et rétabli lorsque la devoirs ce exiger. Par autre paire-tee, le médium numérique permet d'élargir le potentiel visuel de la carte conceptuelle en admettant l'insertion d'icônes, de dessins statiques ou animés (gif). De ces possibilitésmoyen, ensuite, la transposition à partir de expressions idiomatiques, la révision, la récrire, la consultation etla comparaison des productions précédentes ou la réflexion sur les processus et les changements peuvent donner deviennent des slogans fréquents d'intégration à partir de TIC dans Salle de classe.

le outils numérique Autoriser, par autre partie, accumuler Plans conceptuel avec sur le- ces ou hyperliens pour les autres Ressources (Photos, images, graphique, vidéos,

82

les textes, pages La toile, sons, autres cartes notions, etc.) pour étendre le explication de la Contenu

Ou rechercher des informations connexes. De plus, comme les cartes peuvent être stockéessur un serveur Internet ou intranet, ils peuvent être travaillés de manière collaborative distance.

le complexification à partir de les sujets ou problèmes; la chercher à partir de information extension auun sujet d'intérêt; réflexion sur ce qui est pertinent et ce qui est secondaire ; la conception et l'évaluation étain de structures de navigation; réflexion sur les conventions culturelles de représentation; l'organisation du travail en équipes de travail complémentaires et la la communication à partir de ce produit Elles sont les autres à partir de la corvées pour la Quel contribue la travail avec celles-ciles organisateurs graphiques au format numérique.

Apports pédagogiques du travail avec cartes conceptuelles enFormat numérique

Faveurs la travail avec les soutiens multimédia.

Des offres une mode pour la extériorisation la pensait et la connaissances construit.

S'améliore la compétences à partir de entente à partir de les textes, à partir de organisation (classement, chat-ionisation et relation amoureuse) à partir de la information et à partir de représentation la connaissances au façonnerhyper textuel et multimédia.

Facilite la la communication, la échanger à partir de information et la négociation à partir de signifier-deux pour partir à partir de la bâtiment à partir de Des modèles graphique à partir de représentation et, à partir de est mode, ladéveloppement d'une compréhension partagée.

Active la travail collaboratif et la bâtiment collectif à partir de connaissances.

Faveurs processus à partir de réflexion au la posséder processus à partir de apprentissage.

Développement à partir de la outil

Les éléments qui composent une carte conceptuelle numérique sont :

Concepts : abstraction des caractéristiques qui définissent un objet ou un événement. je sais représenté graphiquement dans des ellipses, des cercles ou des rectangles.

Connecteurs ou *mots à partir de lien:* je sais ils utilisent pour lien la notions et pour indiquer latype de relation entre eux. "C'est un", "ils se caractérisent par", "ça dépend de », « produire », etc. sont des exemples de connecteurs. Ceux-ci sont écrits sur ou à côté du ligne qui relie les concepts (ligne de liaison).

Propositions : deux ou plusieurs termes conceptuels joints en liant des mots à forment une unité sémantique. « La ville a une zone industrielle » ou « L'être humain a besoin d'oxygène » sont des exemples de propositions.

Ressources multimédias et hypertextes : photos, vidéos, sons, liens vers des pages site internet etc

Selon les objectifs pédagogiques, il existe de multiples stratégies pour guider les élèves.Étudiants dans la construction de cartes conceptuelles. Le point de départ peut être:

Pose une *question à partir de se concentrer* Quel direct la travail vers une cible. le des questions, plus Quel la les sujets, délimiter la Contenu et se concentrer la résolution à partir de la Activités les propositions- toi. Sont des questions ils peuvent être créé tellement par la prof Quel par la étudiants?

Sélectionnez les concepts que l'enseignant souhaite que les élèves incluent dans leur cartes et listez-les. L'aspect qui présente le plus grand défi et difficulté dans la construction Une des cartes conceptuelles est l'élaboration de propositions. c'est-à-dire déterminerquels mots de liaison décriront clairement la relation entre les concepts. Donc,livrer pour la étudiants une prêt à partir de notions non toi retirer difficulté pour la bâtimentde la carte et permet à l'enseignant de détecter les concepts que l'élève n'intègre pas correctement.

Compléter la structure à partir de une Carte préconçu Pour les sujets complexe, je sais pouvez opter pourpour donner aux élèves une carte partielle, basée sur une

84

carte « experte », tirée de la bibliographie ou accompli par la prof. Là la slogan pouvez être développez-le avec conception toux et relations plus spécifiques. Dans ce cas, la carte initiale agit comme un "déclencheur" et échafaudage pour la étudiants. Ainsi que, la slogan pouvez être agrandir une concept pourà travers une « sous-carte » (une carte qui agrandit le détail des relations impliquées dans un concept complexe).

Puis, la étudiants ils devront :

Regroupez les concepts dont la relation est étroite.

Ordonnez-les du plus abstrait et général au plus concret et spécifique.

Représentez-les et placez-les sur le schéma.

Connectez-les.

Chercher, pour sélectionner Ressources multimédia et hyperliens -à partir de accord avec le sien signifier-activité et pertinence–, localisez-les et ajoutez-les le cas échéant.

Trouver la Carte, Chèque la rapports, prendre soin Quel non je sais avoir répété ou Super-mettre des notions.

•   Réfléchir au la Carte. Correct, agrandir, repousser, changement, reconstruire, réorganiser, établir des relations inédites, etc.

L'avantage d'utiliser un ordinateur pour faire ces cartes est qu'il permet Il vous permet d'ajouter ou de supprimer facilement des éléments ou des relations, de modifier leur position, ainsi que telles que l'ajout d'images ou d'autres ressources multimédias qui aident à clarifier le représentation d'un thème. En d'autres termes, il accélère la préparation, le processus d'affinage, modification et extension. Il est également facile d'interconnecter et d'établir relations croisées entre les cartes. De plus, ils peuvent être "enregistrés" en tant que images et être réutilisé au les autres travaux, Quel monographies ou présentations. dadaïstela possibilité d'être hébergés sur un serveur, ils peuvent également être construits à distance et au en collaboration, et donnez-les à connaître publiquement.

Comme indiqué, les cartes conceptuelles sont des organisateurs graphiques qui favorisent la entente, illustrer graphiquement la rapports Entrez notions et ils aident au la apprendre- de nouvelles informations en montrant clairement l'intégration de chaque nouvelle idée dans une pool de connaissances existant.

Elles sont outils pour la extraction la signification à partir de les textes et au la travail à partir de laboratoire etchamp. L'organisation des cartes conceptuelles permet une revue aisée des informations présentées car elles aident à identifier les concepts et les relations clés. Pour la bâtiment à partir de une Carte conceptuel, nécessairement la étudiants ils auront Queltravailler au la information, pour décider Oui est pertinent ou non pour la croissanced'un thème. Avec ou sans l'aide de l'enseignant, ils seront capables d'identifier quelle partie du sujet ils devraient approfondir, revoir ou repenser.

Il est important de garder à l'esprit que l'utilisation de cartes conceptuelles dans les systèmes d'information hypertexte moi multimédia a besoin enseigner pour conception la hypertexte, pour pour faciliter la naviguer-ton et le chemin de lecture de la carte, c'est-à-dire représenter la connaissance de ce mode.

le Plans ils peuvent être élaborer, ainsi que, par la enseignants pour cadeau la thème pour la étudiants. Même, dadaïste le sien capacité à partir de contenir hyperliens, ils peuvent offrir Plans concepts numériques comme format permettant aux étudiants de naviguer et de rechercher information. Ils sont également utilisés pour planifier le programme d'études, en sélectionnant les contenus significatifs et déterminer les itinéraires suivis pour organiser les contenus significatifsdéchu. je sais pouvez accumuler une Carte global au Quel apparaître la des idées plus importantqui seront pris en compte pendant le cours, pour ensuite passer à des plus spécifiques Quel grouper les sujets ou blocs à partir de Contenu et, finalement, à la Carte détaillé à partir de la classer.Cela aidera les élèves à relier de manière coordonnée les différents niveaux detravail et d'inscrire les détails dans le cadre des relations mondiales.

Conditions à partir de le management par partie la prof
Définir à quel moment du projet et dans quel but pédagogique les ressources seront utilisées. Cartes conceptuelles (enquêter sur des idées ou des notions antérieures, présenter un sujet ou un projet, proposer des relations entre

disciplines, classer et catégoriser des informations données, effectuer une synthèse finale, évaluer la compréhension d'un sujet etc.).

Générer des espaces de réflexion et de sensibilisation des étudiants concernant la co- sensibilisation, usages, significations et possibilité d'utiliser des cartes numériques dans le projet (réfléchir et discuter des similitudes, des différences ou des utilisations complémentaires entre les outil pour travailler et les autres des connaissances, etc.). Est dire, quoi de plus à partir de à savoir excuse moi accumulerune carte est importante pour que les élèves apprennent à décider quand les utiliser et évaluer si la carte conceptuelle est la procédure la plus appropriée pour avoir la objectif proposé et résoudre activité programmé.

Choisir la indiquer à partir de Départ pour la bâtiment à partir de la Plans (une question à partir de se concentrer,une Carte partiel, une prêt à partir de notions, etc.) Puis, rendre explicite la cible général, pourtravailler sur le contenu et les concepts clés. Profitez de l'outil pour approcher problèmes complexes d'une multiplicité de perspectives.

Prévoir des moments pour apprendre pour poignée la outil au croissance degrés à partir de com-clémence. Promouvoir une utilisation flexible et efficace du temps. Tenir compte des délais production travailler, individuellement et en groupe.

Se concilier Quel la étudiants s'autoréguler et contrôler le sien soi même traiter à partir de apprenti-il h, concernant la connaissances obtenu avec régimes cognitif précédent.

Encourager la création de communautés d'apprentissage dans un climat de confiance et la coopération. Encourager la possibilité de partager des informations et d'exprimer des idées comme un moyen d'améliorer les processus d'enseignement et d'apprentissage. Envisager les opportunités de générer des dynamiques collaboratives avec des professeurs de différents sujets.

Prévoir la recherche et l'organisation des ressources multimédias, notamment en raison de la Possibilité d'éditer la carte conceptuelle au format hypertexte. Apprendre à analyser et évaluer la pertinence des concepts retenus, des relations établies entre eux et les ressources utilisées.

Planifier l'archivage des cartes et proposer des dynamiques pour leur

87

enregistrement et leur enrichissement. je ments tout au long du développement d'un projet.

Envisager l'utilisation de ces systèmes pour surveiller et évaluer le processus de l'apprentissage des élèves.

Différences avec les autres outils pour la organisationà partir de la information le Plans conceptuel numérique ils peuvent être utilisé pour la résolution à partir de problèmes,la décrivant à partir de points important pour approcher et la hiérarchie à partir de la Paset interrelations. Ainsi que, ils peuvent être utilisé par la étudiants pour approcher pourla entente à partir de une thème ou problématique ponctuelle, ou bien pour synthétiser la thème- cas traités, concevoir une enquête, proposer l'écriture d'un ouvrage monographie, etc. Les chronologies, contrairement aux cartes, localisent graphiquement la situation temporaire d'un événement ou d'un processus, mettant en évidence la succession de événements et la simultanéité avec les autres événements la moment, Quel même ils peuventconditionnent les uns les autres.

UNE à partir de la différences primordial Quel fais à la travail avec Plans conceptuel au réel-tonne avec les autres outils pour la organisation à partir de la information est la à partir de incorporer laconcept à partir de réseaux hiérarchique à partir de signification. Lorsque nous parlons à partir de Plans conceptuel,nous nous nous référons pour stratégies à partir de organisation à partir de information, à partir de notions et, ainsi que, à partir deleurs relations.

Compte tenu de ces caractéristiques, les cartes conceptuelles peuvent compléter et intégrerje sais pour une proposition plus large Quel inclure les autres TIC, Quoi quêtes Web ou recherches la Trésor, qui sont des stratégies de recherche structurée d'informations.

Opportunités pour la recherche à travers des quêtes web

Quoi je sais Ha en disant au la croissance à partir de la seconde clé: "Le le volume à partir de la information",une à partir de la principale potentialités à partir de la les technologies numérique est la accéder pour informer-tonne diverse à partir de la plus varié sources. À partir de là Quel une axe central à partir de la éducation au TIC être développer au la étudiants la compétences nécessaire pour Quel effectuer recherches

Pertinent, réflexif et critique selon les besoins ou les objectifs pédagogiques, problèmes sociaux ou culturels qui se posent.

Les quêtes Web et les chasses au trésor sont des outils utiles pour guider les élèves. Étudiants dans les processus de recherche, de sélection et d'analyse de l'information et dans l'utilisation de celui-ci, pour la résolution de problèmes ou de slogans de travail.

L'intégration pédagogique de ces ressources oblige les enseignants à réduire dégagé du sujet à traiter ; formuler des questions et des objectifs en fonction de la portée du projet, des les possibilités des étudiants et les sources disponibles ; faire un travail exploratoire étain et sélection des sources d'information pertinentes et structurer l'outil en une série d'étapes qui organiseront les tâches à effectuer par les différentes équipes de travail. En dessous de. Pour la présentation de ces activités, des traitements de texte peuvent être utilisés, Logiciel spécifique ou modèles *en ligne*. le sources à partir de information pour Consulter ils peuventêtre hébergé sur l'intranet installé à l'école, sur différents CD, encyclopédies numériques,tels et/ou sites Web. Il peut également s'agir d'informations non numérisées, écrites, audio-visuel, et le son et la parole.

le chercher et sélection à partir de information et la réflexion guidé pour par à partir de sont outil-Ce sont de précieuses premières expériences qui permettront aux élèves d'atteindre progressivement des degrés progressivement plus grands d'autonomie et d'autorégulation dans leurs processus de interaction avec les informations.

Quête Web : synthèse à partir de la outil
"Quête Web" désigne l'enquête et la recherche sur le Web et consiste en une proposition qui privilégie l'apprentissage par la découverte guidée et l'approche d'unthème dans une perspective problématisante. Il s'agit d'un outil qui permet à l'enseignant de donner des directives très spécifiques et précises aux élèves pour qu'ils réalisent une rechercher dans différentes sources d'information.

Souvent, une question est posée qui fait allusion à une situation ou à un scénario qui nécessite d'être analysé à partir de positions, d'intérêts ou de perspectives différents pour être compris comme un phénomène complexe. En ce sens, il donne la possibilité de pouvoir être utilisé dans des projets transversaux. L'outil offre des possibilités de les élèves reconnaissent, simulent et expérimentent des personnages, des conflits, des rôles, des tensions, changements ou des contradictions existantes dans les situations évoquées.

La quête web propose une dynamique qui vise le travail collaboratif. Les groupes effectuer corvées différencié mais Quel converger au la réussite à partir de une but commun. le dans-jours ils peuvent promouvoir à partir de slogans Quel indiquer pour la compilation ou Analyseà partir de information, résolution à partir de énigmes, publier à partir de procès, bâtiment à partir de consensusou la fabrication. Les élèves sont répartis en groupes, accèdent aux différentes sources que prof a proposé et sélectionner la information pertinent au base pour la corvées Quel je saisils ont été présentés.

le chercher à partir de information au L'Internet, intranet, CD ou les autres sources est une composantcentral de la quête web comme proposition pédagogique. Cependant, son potentiel la logique réside dans la possibilité de véhiculer des processus qui transforment l'information en connaissance. C'est-à-dire en motorisant un ensemble d'actions telles que l'identificationinformation pertinent pour la objectifs Quel je sais devoir se conformer et organisez-le; discriminer

type de données ; reconnaître les agences productrices d'informations ; évaluer le positionnementtoux ou intérêts du matériel présenté par les sources ; tirer des conclusions sur la inquiéter Quel je sais vise à comprendre et accumuler collectivement une produit finir QuelDémontrer une solution possible et prendre les positions des élèves.

La particularité que cet outil a pour l'enseignant est qu'il lui permet, à traversd'un projet simple et attractif, générez vos propres supports pédagogiques numériques adapté pour le sien grouper à partir de étudiants et le sien le contexte particulier. Est important avoir au factureque le flux d'informations qui circule exige une certaine mise à jour des sourcesparties identités, la vérification de leur contenu et le renouvellement des slogans qui ils portent Vers la salle de classe.

Contributions pédagogique la travail avec quêtes Web

90

Faveurs la travail avec les soutiens multimédia.

De bon augure la accéder pour sources à partir de information varié et diverse.

Développer compétences à partir de recherche, chercher, sélection, évaluation et hiérarchie-étain d'information environ objectifs auparavant établi.

Façonner compétences pour la la lecture hyper textuel et la entente à partir de les textes.

Favorise l'utilisation appropriée et éthique des informations concernant la réalisation des objectifs liens, la satisfaction des besoins et la résolution des problèmes soulevés par perspectives complexe et prise de décision.

Inciter la croissance à partir de compétences à partir de apprentissage autonome et collaboratif.

Elle favorise la réflexion critique et créative sur l'information et la capacité à "hyper-lecture".

Encourage la croissance à partir de compétences métacognitif et à partir de évaluation à partir de processus.

Développement à partir de la outil
Comme nous l'avons exprimé dans les paragraphes précédents, la quête web est un outil conçu parl'enseignant, qui intègre les TIC et l'apprentissage collaboratif par l'enquête guidé par diverses sources d'information, souvent hébergées sur le Web. Il pré-Il est présenté dans un format numérique et est structuré en parties clairement établies auxquelles Quel est entré à partir de à partir d'un arbre de navigation :

introduction

Devoirs

Traiter

91

Évaluation

Conclusion

Lorsqu'un enseignant développe une quête Web et la partage avec d'autres collègues, il peut entrerinclure une mis à part, "Page la Professeur". Là je sais Explique la justification la découper de ce domaine de connaissance et les orientations globales du travail que l'on tente d'effectuer avec le étudiants.

introduction
Être lequel être la Contenu Quel je sais vouloir travailler, est important Quel la quête web je sais cadeau-de manière attrayante pour les étudiants. A cet effet, il convient de poser une questioninitiale Quel servir à partir de "accrocher" pour réveiller la intérêt à partir de la étudiants à partir de la début.le introduction - dégager et bref- devrait pose une situation problématique pour Trier Quelfaire appel à la curiosité et impliquer un défi.

Devoirs
C'est l'une des parties les plus importantes. L'enseignant développera son ingéniosité et sa créativité penser à des tâches intéressantes qui répondent aux objectifs du programme, en évitant les surabondance d'instructions et de lignes directrices.

Est important se concentrer au la entente à partir de une ou deux topique substantiel Quel formepartie la thème principal à partir de la quête web. le proposition est conception une devoirs authentique Quel J'ai porté pour la transformation à partir de la information éviter la tendance pour la simple la reproduction.

Il existe de nombreuses catégories de tâches pour concevoir une bonne quête web. Quelques exemples- Les exemples peuvent être : résoudre un problème ou un mystère ; formuler et défendre une position; concevoir un produit; analyser une réalité complexe; produire un message persuasifun traitement journalistique ; recueillir des informations, etc.

Traiter

Est la partie fondamental à partir de une quête web bien conçu? le traiter devrait Je suis d'accord avecla la description à partir de la devoirs. Est confirmé par Pas Quel la étudiants devoir effectuer,avec les liens inclus dans chaque étape.

C'est le moment d'organiser la complexité de la proposition de recherche. La rédaction du processus nécessite également l'incorporation d'un autre principe central de la quêtes web : la division en rôles ou perspectives, caractéristiques de l'apprentissage collaboratif nouer. Ici, un ensemble de sous-tâches bien structurées et précises est défini pour chaque tâche. Une des rôles que les élèves adopteront.

le conception à partir de quêtes Web avoir deux défis: atteindre au sont Activités et Pas une vrai-déco échafaudage cognitif pour la étudiants et promouvoir la négociation à partir de significations Entrez les élèves après une réalisation collective.

Ressources

Cette section répertorie les sites Web précédemment sélectionnés afin que les utilisateurs puissent étudiants pouvez se concentrer au la thème pour renseigner et éviter la la navigation pour la dérive.

En réalité, les ressources peuvent être présentées dans une section distincte ou être inclus dans l'étape du processus, de manière générale ou personnalisée, selon les rôles à jouer enquêter. Souvent, en plus des sites Web, il sera pratique d'étendre avec d'autres sources et suggérer d'autres types de des ressources telles que revues, livres, sondages, schémas etc...

Évaluation

L'objectif ici est de favoriser l'évaluation collective du produit et l'auto-évaluation des réalisations individuelles. Une évaluation doit être claire et concrète; C'est plus qu'un processus de réflexion, puisqu'il accompagne et guide l'apprentissage en fournissant en information pour savoir réorienter en permanence la construction du connaissances.

93

Conditions à partir de le management par partie la prof

Identifier étapes la Brouillon programme d'études, à partir de Salle de classe ou institutionnel, au la je sais intégreral'outil, en tenant compte de ses particularités et de ses potentialités.

Concevoir la Activités avec la outil ayant au facture une la diversité à partir de avec-signes, intérêts, compétences et accès aux ressources multimédias.

Proposer slogans Quel intégrer différent expressions idiomatiques (oral, écrit, audio-visuel, hyper-textuel) et genres de discours (récits, entretiens, reportages, etc.).

Définir le sujet, l'objectif général, le contenu et les concepts clés d'une manière simple, qui permettent d'aborder des problèmes complexes à partir d'une multiplicité de points de vue (démystifier les stéréotypes, la travail avec la multi causalité, identifier Composants

Subjectif dans la production d'informations et la construction de connaissances, mettant l'accent sur dans les notions de processus dynamiques, etc.)

Effectuer une chercher exploratoire à partir de Matériel disponible au la thème au des sites La toile,CD ou les autres matériaux numérique, et la Chèque à partir de leur possible changements, mises à jour etde la validité du matériel. Contempler les opportunités pour générer des dynamiques collaboratives abortif avec des professeurs de différentes matières.

Évaluer la complexité du contenu et de la structure des sites identifiés (fa-faciliter navigation) et faire une présélection de leur.

Vérifier la validité à partir de la sources choisi Quel Ressources pour utiliser.

Présenter la stratégie aux élèves, les répartir en groupes et préciser le travail grouper et la individuel, et la des moments à partir de récapitulation au grouper gros. Surveiller latraiter et évaluer l'apprentissage dans chaque étape.

Effectuer récapitule systématique à partir de les sujets, approches, conclusions transitoire, età partir de corvées au groupes, sous-groupes et avec la grouper total pour finir à partir de place les au la traiter global,dans la production générée et dans laquelle ils sont tenus de jouer.

Générer des espaces de réerions et de sensibilisation des étudiants concernant la co- connaissance, usages, significations et opportunité de l'outil dans le projet (se renseigner au les pratiques fréquent avec TIC au étendues non écoliers; débattre au similitudes etdifférences entre l'outil avec lequel travailler et d'autres connus; réécrire sur la complémentarité et la Nouveau applications à partir de outils déjà des connaissances; anticiper animateurs,obstacles, controverses et des risques Quel pouvez surgir à travail à la outil).

Se concilier termes pour produire recherches à partir de information pertinent et SIG-indicatif (motiver l'intérêt réel des élèves ; définir des objectifs qui intègrent lignes directrices auriculaires avec les préoccupations des étudiants; sélectionner les sources prioritaires renforcer la rigueur scientifique, la fiabilité des informations, le style de langage, esthétique, la richesse à partir de Matériel multimédia, etc.; favoriser la utiliser souple mais efficace latemps, favoriser l'émergence de nouvelles préoccupations ou questions issues de la recherche est programmé et qui peut être repris dans des activités ultérieures ; encourager les cas espiègle et Créatif Quel ouvrir pour la émotions, la expressivité et la imagination au tourniquetau sujet traité.

Planifier modes à partir de la communication, archiver et la communication à partir de la productions vraiment-donnée par les élèves.

Recommandations alternatives pour la Cas à partir de non exister Connexion pour la Rapporter

le quête web est, Quel déjà je sais Ha en disant, une outil numérique Quel organiser la chercherinformations sur différents sites. Cependant, les conditions de navigation je sais ils peuvent produire au une intranet. En outre, la pages Quel je sais va pour utiliser et lienils peuvent Descendre et copie au une processeur à partir de texte pour plus tard effectuer la hyperliens correspondant et les maintenir même lorsqu'il n'y a pas d'Internet, toujours maintenir en conservant la référence à la source en question. Recherchez également des slogans,ils peuvent consulter des encyclopédies numériques ou d'autres CD-ROM.

Différence avec les autres outils pour la recherche

La chasse au trésor, aussi appelée « chasse au trésor », est un autre outil de chercher guidé à partir de information. Consiste au une drap à partir de route Quel

95

présente une Séries à partir dedes questions sur un sujet et une liste d'endroits (fichiers ou sites Web) où les élèves ils peuvent nous trouver les réponses. Fréquemment, à mesure que s'achève le développement de la activité et comme conclusion, une question d'intégration est incluse qui facilite la organisation des informations collectées. Contrairement à la quête Web, le processus de recherche qui est proposée a une séquence plus linéaire et ne vise pas à mettre en jouer la diversité de perspectives.

La feuille de route d'une chasse au trésor peut être réalisée avec un processeur de texte, logiciel de présentation ou *modèles en ligne*. Les endroits à rechercher ils peuvent être logé au la l'Internet installée au la l'école, au différent CD moi au des sitessite internet.

C'est une stratégie utile pour présenter le contenu, approfondir les connaissances autour d'un sujet et d'évaluer l'apprentissage. Peut être considéré comme une activité grouper, individuellement ou en combinant les deux modalités.

Opportunités

Pour la la communication pour par à partir de blog
Certaines des potentialités pédagogiques des TIC sont d'améliorer les compétencesdés à partir de la communication à partir de la étudiants, produire Nouveau formes à partir de expression et se concilierla participation au la durée de vie Publique. Par la les technologies numérique je sais provenir Nouveau perspectives d'interrelation avec les autres, ce qui peut renforcer la construction de identités individuel et collectif, et favoriser la production Social la connaissances.

Comme nous l'avons dit dans les sections précédentes, pour une formation adéquate des nouveaux générations est indispensable Quel la l'école non seule enseigner pour enquêter et organiser cri- éthiquement et créativement l'information, mais aussi qu'elle donne la possibilité de produireinformation et culture.

Pour le développement de la fonction communicative à partir de l'utilisation des TIC sur le terrain l'école je sais Ha choisi, pour mode à partir de Exemple, une Format spécifique à partir de immense J'ai grandi-ment aujourd'hui : le weblog, aussi appelé "blog" ou "log".

96

Weblog : synthèse de l'outil

Exister diverse former à partir de concevoir le blog. Celles-ci ils peuvent être pensait Quel:

UNE publication au ligne caractérisé par la configuration chronologique inverser à partir de lades billets, au la Quel je sais Récupérer, pour mode à partir de du quotidien, liens, nouvelles et des avis à partir de paternitésurtout célibataire avec un style décontracté et subjectif. [48]

Espace de communication asynchrone, généralement conçu pour exprimer des idées ou opinions à partir d'un format écrit, bien que vous puissiez également afficher des photos, des graphiques,parce que et dessins, séquences audio ou vidéo. [49]

Un système de communication où chacun est rédacteur, collaborateur et critique, par- Je commande un schéma multidirectionnel d'échanges. Un blog est une page web dynamique dans lequel les visiteurs participent activement. [Cinquante]

Les blogs vous permettent de combiner diverses formes de communication, langues et aussi re-cours à partir de L'Internet. Portion Quoi chercheur car Autoriser pose liens spécifique avec les autresdes sites lié à la thème Quel je sais essaie [51] ,je sais ils ressemblent à à la e-mail par la style informel à partir de la communicationQuel je sais les usages avec la fréquence au elles ou ils et je sais ressembler pour la forums à partir de avis déjà Quel la lecteurs pouvez-donner prendre part au la bâtiment la thème ou débat contribuant leur commentaires [52] . La possibilité d'avoir, sans connaissances techniques particulières, une forme deapplication au ligne, la pourboire, la faciliter à partir de accéder, la possibilité à partir de insérer liensou liens et le sien interactivité [53] Elles sont quelque à partir de la caractéristiques et les fonctions Quel faciliterle sien l'adoption dans le domaine de l'éducation.

Au termes général, la blog devoir être considéré outils par moyen, moyen à partir de la étudiants ils construisent connaissances au interaction avec la les autres. je sais traite à partir de une opportunitépère pour Quel la étudiants jouer une papier actif Quel Autoriser donner facture à partir de la processus Quel expérience, réponse pour préoccupations posséder et à partir de le reste, émettre des avis, générer des

97

discussions, contribuer quelque information et intervenir au leur contextes à partir de durée de vie. Chance pourmanifeste leur intérêts, Besoins, certitudes, Les doutes et interprétations au quelque thèmeen particulier. De la création de blogs, les étudiants deviennent alors, enauteurs, producteurs à partir de Contenu et fournisseurs à partir de information. Effectuer observations,des questions et réponses. Dan et avoir *retour d'information,* je sais relier, ils aident pour filtre information.Avoir la possibilité à partir de prendre la la météo pour penser, organiser la idées [54].

Contributions pédagogique de mon travail avec blog
Faveurs la travail avec les soutiens multimédia.

Développer la compétences communicatif et Nouveau formes expressif à partir de la étudiantspour à travers de nouveaux formats.

Façonner compétences pour la en écrivant hyper textuel et la production à partir de matériaux multimédia.

Faveurs la le management à partir de la surabondance à partir de information pour extrait sens à partir de est.

Développer la la lecture la revue, la compétences à partir de chercher et évaluation à partir de information,et l'adoption de critères de sélection de sources fiables.

S'améliore les compétences de compréhension et de Production de texte.

Il encourage l'apprentissage autonome et collaboratif, favorisant le développement des compétencesvilles métacognitif et l'évaluation de processus.

Favorise la bon usage et éthique à partir de information, ainsi que la prise de les décisions.

Facilite la échanger avec la les autres (compagnons, enseignants, membres à partir de la communautévilles proches ou éloignées).

Renforce la bâtiment à partir de la identités individuel et collectif.

98

Développer la la créativité.

Renforce une pédagogie Concentré sur élève.

Développement à partir de la outil
le blog elles sont outils à partir de la communication, multimédia, interactif, souple etdynamique. Permettre intégrer expressions idiomatiques, Contenu et Ressources au tourniquet pour une la diversitéde finalités. Selon la nature du matériel qui est publié, ils sont classésdans les blogs photo, les blogs vidéo, les blogs audio et les journaux de foule (contenu qui a été capturé depuis la téléphonie mobile ou cellulaire). Ils se caractérisent par leurs mises à jour fréquentes et car favoriser la la communication à partir de personnage multidirectionnel le bloguer Elles sont les espacespour l'expression des auteurs, à laquelle les lecteurs peuvent participer activement Faire commentaires, devenant ainsi votre co-créateurs.

Quelque à partir de la Activités nécessaire pour la production à partir de une Blog elles sont la chercher,la la lecture, la sélection et la interprétation à partir de information au une thème. Est par ceque l'utilisation de cet outil dans les propositions pédagogiques est un moyen primordial enregistrement privilégié, systématisation et documentation des processus de construction individuel et social la connaissances. le interaction avec est façonner à partir de publication et à partir del'échange social virtuel permet aux étudiants de démarrer un processus dans lequel ils esprit je sais va fabrication experts au une question et par la Quel ils peuvent atteindre pour devenirau source d'information et de référence pour d'autres blogs qui aborder le même sujet .

Éditer et poster une Blog ça implique lieu au jouer une Séries à partir de compétences référéà l'organisation de l'information, de l'expression et de la réflexion sur les processus de communication [56.] Premièrement, les blogs permettent d'organiser l'information en créant catégories et Chaînes à partir de information pour par à partir de liens Entrez elles ou ils. Celles-ci procédure-toux favoriser la récupération et l'application d'informations sur les sujets à aborder, problèmes pour Trier. À partir de est mode, la blog je sais convertir au une chance pour

Faire en sorte la surabondance à partir de information au internet [57], contextualiser et organiser ladiscours au façonner hyper textuel. Quoi de plus, est possible dire Quel sont structures à partir de Publique-cation sur Internet, et les éléments qui les composent, donnent lieu à des moyens innovants récits et produire Nouveau les pratiques pour débattre et se disputer.

De la même manière, les blogs peuvent être conçus comme un espace précieux d'expression ; échanger et participation social, politique et culturel à partir de la étudiants. le choix lale titre du blog, le sujet, la perspective à partir de laquelle le contenu est abordé, le choix à partir de sources, la information personnel/collectif Quel je sais des offres, la répertoires au la Quel je saiss'inscrire, le design utilisé, les couleurs, sons ou images choisis, les liensde la blog roll ou des commentaires sont les ressources qu'un blog fournit pour renforcer, exprimer et communiquer son identité. Un blog prend un statut public sur le Net en ouvrant espace de circulation des idées sur qui et comment sont leurs auteurs ou lecteurs.Au quelle vision de monde qu'ils possèdent, quoi les motive ou ce qui les inquiète

R) Oui, est Format contribue pour la s'améliore à partir de la compétences communicatif et à partir de expression.Les auteurs génèrent des articles dans le but de faire connaître ce qu'ils savent, pensent et sentir, et les lecteurs participent activement en laissant leurs commentaires. Cette dynamique signifie que les textes doivent être rédigés de manière suffisamment claire pour être inclus par la le reste (être celles-ci enseignants, étudiants ou la communauté au général).Le dialogue avec les autres, quant à lui, fournit des informations utiles pour l'autorégulation.suivi du processus d'apprentissage lui-même. Contrairement aux autres outilsqui prennent en charge les conversations, telles que les forums, les blogs, donnent aux auteurs un paix personnel et, simultanément, une espacer Social. Est dire, "accorder une espacer pourla réflexion individuel, pour la disque à partir de la évolution à partir de la des idées pour ce longueur la la météo,pour de multiples connexions et échanges dans des espaces différents » [58.] De même, le la communicabilité d'un message devient un objet de réflexion pour ces élèves qui veulent être entendus.

En outre, la utilisation la Blog permet créer et développer une Nouveau étape à partir deexpression nécessaire et précieuse en deux sens. D'abord parce qu'il est connu qu'en raison de caractéristiques personnelles, de la peur de se tromper ou

100

de difficultés à présenter en public [59], tous les élèves ne participent pas en classe et les interactions sont réduites à un petit groupe. Créer et commenter des blogs permet de s'exprimer sur ce sujet sens. Deuxièmement, organiser un blog implique d'organiser des idées, d'établir un calendrier, objectif, imaginer et construire un lecteur, s'exprimer, systématiser une pensée, etc.De cette manière, le grand avantage accordé par ce genre de "genre virtuel" est qu'il apporte la façonner à partir de "avoir voix au la Rapporter" à partir de façon très Facile. "Avoir voix", au sens UN M-pli, comme une possibilité d'expression concernant les sujets d'intérêt d'une personne ou un groupe et la communication étendue de celui-ci à d'autres personnes avec lesquelles ils ne sont paspartager un espace, pas un temps.

D'autres compétences qui sont développées lors de l'interaction avec ce type d'up- applications virtuel elles sont la à partir de forme au la Nouveau médias à partir de la communication, créer
UNE réerions posséder, être une penseur critique, produire points à partir de voir alternative et contribuer-les porter aux autres. Dans les opportunités de réflexion générées par le travail avec blog je sais s'ouvre une fort ligne à partir de formation et débat au tourniquet pour la "éthique" à partir de cellesqui produisent. Cadres juridiques, liberté d'expression, respect des idées différentes, vous voyez, la Analyse à partir de la situations social, la réflexion sur à partir de la formes adéquat à partir de expression au tourniquet pour la objectifs et contextes au la Quel ils vont circuler la des postes Elles sonttopique centres de formation sur cet outil [60].

Existe une la diversité à partir de blog destiné pour prend fin éducatif ou *comestibles*. Quelque à partir de deelles sont créées par :

Enseignants [61,] pour établir un espace de communication asynchrone avecles étudiants. Grâce à ce média, les enseignants peuvent programmer des des lignes directrices pour la la concrétisation à partir de corvées, ouvrir une espacer virtuel à partir de des questions etcommentaires, Envoyer Activités, bibliographie et liens pour des sites la toile à partir de consultation.

blogs des enseignants sont ceux utilisés pour la communication, partage, planification, recherche et production collective entre pairs (matériel pédagogique ; projets multidisciplinaires, systématisation con- comité de

101

pratique pédagogique, etc.).

Les élèves, pour faire connaître les expériences scolaires individuelles et collectif. Ces blogs peuvent commenter les activités menées, présenter documents à partir de travail, organiser en collaboration une recherche, une-rar le développement des projets et leurs résultats. Ce sont des espaces qui autoriser les commentaires de l'enseignant exclusivement et/ou de leurs pairs. En ce qui concerne le travail individuel, un ex- expérience qui peut être très intéressante est le journal personnel du élève. Cet enregistrement peut être prolongé pendant tout le transit par le l'école, responsabilisant la bâtiment à partir de la identité et la tracé à partir de lapropre histoire.

Enseignants et élèves en classe, pour travailler par disciplines ou par projets pluridisciplinaire ou transversal. le blogueur à partir de Salle de classe favoriser tellementtravail de groupe au sein d'un cours, comme entre les cours et les écoles. Ils peuvent utiliser être stocké de différentes manières, comme un journal de classe, un cahier ou *portefeuille* numérique .

Membres à partir de la *institution l'école,* pour donner facture à partir de le sien l'histoire, idéologie,Projets, liens avec la communauté, etc.

Il faut tenir compte du fait que compte tenu du potentiel des blogs à être un espace pour la visibilité Publique, la production à partir de la étudiants est au termes à partir de transcender-droit la Salle de classe. UNE Blog pouvez être une chance à partir de interaction avec les autres les espaces à l'intérieurà partir de école, autres écoles, organisations ou communautés à proximité ou loin.

Structure la Blog

UNE Blog est formé par divers composants [62] :

Entête: est la Nom ou qualification Quel la ou la auteurs attribuer à la Blog. Pouvez-contenir une image.

Catégories ou thèmes : système qui permet d'organiser le contenu du blog selon les critères établis par son auteur. En général, ces catégories sont ils sont situés dans une colonne à côté du corps central du blog.

Article, billet ou entrée : il constitue le corps central de rédaction d'un bi-

Tacoma. Selon le système de publication qui a été choisi pour travailler, la des billets ou *des postes* je sais identifier avec Date à partir de publication et Catégorie pourcelui à qui ils appartiennent.

Commentaires: la option à partir de commenter la des billets Il permet à la visiteur laisserleur avis sur le contenu exposé dans ceux-ci, clarifier ce qui est lu ou l'étoffer avec de nouvelles données, liens ou réflexions. Chaque entrée de blog est en soi un petit forum. Les commentaires permettent aux visiteurs de donner leur avis, de compléterhommes et améliorer les articles.

Rétroliens - Ce composant, également appelé *référence croisée, dada* ou *inverse, back Link* ou *lien inverse,* est un élément qui fait partie ducontenu de certains des systèmes de publication de blogs et sert à faites lui savoir à la Auteur à partir de une Blog Quel au autre Blog je sais Ha inclus une *lien* ou lien Quel celie avec quelconque à partir de leur des articles. POUR fois je sais ce les usages lorsque je sais veut Fabriquerun commentaire sur un contenu et il est préférable de le faire sur le blog lui-même pour pouvez répandre davantage.

syndication de Contenu (RSS) ou agrégateurs à partir de nouvelles: Merci pour elles ou ils, unel'utilisateur peut lire les actualités de tous les blogs qu'il souhaite sans avoir à les visitergoudronnez-les une pour une; Alors, par Exemple, une Professeur pouvez lire tout ce Quel leur étudiants ont posté sur leurs blogs simplement en les ajoutant à votre liste.

Conditions à partir de le management par partie la prof
Définir la cible général, d'installation la thème et taper à partir de Brouillon Quel aura la Blogou blog pour l'élaboration de la proposition pédagogique.

Effectuez des recherches exploratoires sur des blogs, des sites Web, des CD ou d'autres documents directs. Des signes vitaux qui traitent du sujet et/ou posent les mêmes objectifs. Sélectionnez les matériaux selon leur niveau de complexité et de pertinence, qui servent d'inputs pour croissance d'un blog à des fins éducatives.

Pour sélectionner la taper à partir de habitacle Quel développera avec leur étudiants (individuel, grouperou collectif; ouvert ou fermé).

103

Concevoir la dynamique à partir de interaction Entrez la blog et le sien l'intégration à la travail au la Salle de classe.

produire les espaces pour la réerions et sensibilisation à partir de la étudiants le respect la connaître-Je mets, applications et sens au tourniquet pour la outil au la Brouillon (renseigner au les pratiques fréquent avec les TIC en milieu non scolaire ; discuter des similitudes et des différences entre l'outil de travail et d'autres connus; réfléchir à la complémentarité père et la Nouveau applications à partir de outils déjà des connaissances; anticiper animateurs, obstacles, controverses et risques qui peut survenir au travail avec le outil).

Se concilier termes pour la en écrivant à partir de la blog (motiver la intérêt véritable à partir de la étudiants; créer des climats de confiance; définir des objectifs qui intègrent les orientations curricula ires laser avec préoccupations à partir de la étudiants; favoriser une utiliser souple mais efficace la la météo aula Salle de classe Quel contempler la périodes nécessaire pour la création; favoriser une première moment-pour pour la expression et nouvellement une seconde la météo pour la correction grammatical ou orthographe; fomenter la correction automatique, la la lecture Entrez paires et la récrire; favoriser instances à partir de Analyse à partir de productions et la réerions au la pluralité à partir de interprétations; fomenter ins- transes espiègle et Créatif Quel ouvrir pour la émotions et la imagination au tourniquet pour la thème qui je sais planche; le respect la formes diverse à partir de organiser la information; intégrer codes et modalités à partir de expression posséder à partir de la les jeunes avec la Quel je sais œuvres).

Utilisez cette forme de communication innovante pour suivre le processus d'apprentissage. Enseigner, effectuer des interventions pour améliorer l'apprentissage, envoyer des directives et matériaux de travail, et évaluer l'apprentissage de les étudiants.

Encourager la création à partir de communautés à partir de apprentissage:

Générer des instances pour partager des informations et exprimer des idées personnelles comme un moyen d'améliorer les processus d'enseignement et d'apprentissage. Mettre en place une nouvelle chaîne la communication entre enseignants et élèves.

Promouvoir les espaces pour d'interagir avec leur paires enseignants avec la cible à partir de com-partager des expériences, échanger des matériaux, planifier

104

ensemble et réaliser recherche.

Définir institutionnellement les critères de publication.

Proposer des dynamiques de mise à jour en fonction des possibilités du projet, des élèves et ressources.

Générer des espaces de réflexion sur les questions éthiques et de responsabilité dans la générationration de contenu et dans le processus de communication sociale.

Guider les étudiants dans les processus de conception et la communicabilité.

produire espaces de réflexion sur la renforcement de la crédibilité.

Prévoir des moments pour apprendre pour poignée la outil au croissance degrés à partir de com-laxité. Promouvoir une utilisation flexible et efficace du temps. Tenir compte des délais production de travail, à la fois individuel et de groupe 63.

Différences avec les autres outils pour la la communication
La distinction la plus notable entre les blogs et les pages Web traditionnelles est que les premiers génèrent des instances de plus grande interactivité avec leurs lecteurs (saisie de commentaires) et relation avec d'autres blogs et sites Web (inclusion de références croisements ou *rétroliens)* . Le modèle de communication dominant est bidirectionnel dans blogs et unidirectionnel sur les pages web. Dans ce dernier cas, les informations de l'auteur aux lecteurs. Il y en a qui ont des espaces plus dynamiques, comme y compris le courrier électronique, et d'autres incluent également, comme élément supplémentaire, un Blog. Les blogs sont fréquemment mis à jour, grâce à la facilité d'éditionet poster. Quoi de plus, la archiver à partir de la information au commande chronologique inverser et la Indi- cation de nouveau les entrées simplifient accès à les informations et votre lecture.

Avec relation amoureuse pour la différence avec la forums à partir de discussion je sais points forts Quel "Le possibilité à partir del'interaction offerte par les blogs est complémentaire à la fonction des forums. Celles-ci sont encore très valables pour stimuler les débats au sein d'un groupe de travail. leLes blogs, cependant, sont plus utiles pour organiser la conversation si ce qui est vise à est de contribuer

105

nouvelles données et des liens (Wise,) »[64].

Enfin, les quêtes Web diffèrent des weblogs principalement par le format et la structure de présentation de la proposition. Le blog organise la publication par Rendez-vous à partir de tous un événement, tandis que Quel la quêtes Web je sais trouver organisé avec axe aula bar à partir de la navigation Quel présenter à la élève dans le Actions pour effectuer. Bibliographie.

www.ingramcontent.com/pod-product-compliance
Lightning Source LLC
LaVergne TN
LVHW051710050326
832903LV00032B/4112